消防救援人员业务训练系列教材

消防救援人员体能训练

消防救援人员业务训练系列教材编委会 编

上海科学技术出版社

图书在版编目（CIP）数据

消防救援人员体能训练/消防救援人员业务训练系列教材编委会编. —上海：上海科学技术出版社，2019.7（2025.9重印）

消防救援人员业务训练系列教材

ISBN 978-7-5478-4469-4

Ⅰ.①消… Ⅱ.①消… Ⅲ.①消防部队-体能-身体训练-教材 Ⅳ.① D631.6 ② G808.14

中国版本图书馆 CIP 数据核字（2019）第 119429 号

消防救援人员体能训练
消防救援人员业务训练系列教材编委会 编

上海世纪出版（集团）有限公司
上海科学技术出版社　出版、发行
（上海市闵行区号景路 159 弄 A 座 9F—10F）
邮政编码 201101　www.sstp.cn
上海颛辉印刷厂有限公司印刷
开本 787×1092　1/16　印张 8.5
字数：170 千字
2019 年 7 月第 1 版　2025 年 9 月第 11 次印刷
ISBN 978-7-5478-4469-4/TU·276
定价：45.00 元

本书如有缺页、错装或坏损等严重质量问题，
请向承印厂联系调换

内容提要

本教材由概述，训练组织，基础训练，应用训练，运动准备、恢复与营养，训练伤病的预防与处置六章组成。按照基础体能全方位、全要素发展，应用体能按专业、分年龄、按等级选训，训练组织贴合消防救援实际的目标定位，合理设置训练科目、介绍训练方法。内容基本涵盖了从事消防救援工作所需耐力、力量、速度、灵敏和柔韧等体能素质要求，强调和介绍体能训练应遵循的原则和方法，注重安全施训、科学施训。通过体能素质发展基本方法指导、职业过程体能训练阶段划分、分类分层分级标准化规范制定和考核达标体系规范建设，为各级消防救援队伍科学开展体能训练和消防救援人员招录工作提供了依据，为保障消防救援人员职业健康、减少训练损伤、提升灭火救援能力提供了基础指导。

本教材供新入职和消防救援大队、站在职的消防救援人员使用，政府专职消防员可参照实施，消防救援队伍各级机关人员可依据岗位借鉴实施。

编审委员会

消防救援人员业务训练系列教材

主　任　魏捍东

副主任　汪永明　朱志祥　何　宁

委　员　(以姓氏笔画排序)
　　　　　于杰武　王其堪　王治安　牛跃光　朱志祥　朱忠明
　　　　　刘洪强　江　平　杨国宏　吴志强　何　宁　冷　俐
　　　　　汪永明　张玉升　张高潮　张福好　陆　军　陈永胜
　　　　　苗国典　赵　洋　郝　伟　董绍棠　蔡卫国

编写人员

主　　编　朱志祥

副 主 编　何　宁　陈永胜

执行副主编　黄晓玮　赵　洋

编写人员（以姓氏笔画排序）

王丽晶　卢　俊　卢　骁　代宗伟　朱志祥
刘东军　刘洪强　孙志坚　杨　勇　杨千红
李志刚　赵　洋　赵轶惠　黄晓玮　程向东
谢春龙

前 言

作为新时代应急救援主力军和国家队，消防救援队伍专业化、职业化的水平不断提升，建立与其职业特点和综合应急救援职能相适应的体能训练体系日益重要。本教材编委会研究借鉴发达国家和地区的消防救援人员体能训练先进理念，参考中国人民解放军《军事体育训练大纲》，结合消防救援队伍职业特点，兼顾职业制和现役制优势，编写了本教材。

本教材由概述，训练组织，基础训练，应用训练，运动准备、恢复与营养，训练伤病的预防与处置六章组成，按照基础体能全方位、全要素发展，应用体能按专业、分年龄、按等级选训，训练组织贴合消防救援实际的目标定位，合理设置训练科目，内容基本涵盖了从事消防救援工作所需耐力、力量、速度、灵敏和柔韧等体能素质要求。本教材强调和介绍体能训练应遵循的原则和方法，注重安全施训、科学施训，通过体能素质发展基本方法指导、职业过程体能训练阶段划分、分类分层分级标准化规范制定和考核达标体系规范建设，为各级消防救援队伍科学开展体能训练提供依据，为保障消防救援人员职业健康、减少训练损伤、提升灭火救援能力奠定了基础。

本教材由消防救援局作战训练处牵头组织编写，上海市、内蒙古自治区消防救援总队及上海消防研究所、消防高等专科学校等相关人员配合编写完成。其中，第一章由朱志祥、黄晓玮、孙志坚编写；第二章由赵洋、黄晓玮、卢骁、杨勇、杨千红编写；第三章由朱志祥、黄晓玮、卢俊、刘洪强、程向东编写；第四章由朱志祥、杨勇、赵轶惠、卢骁编写；第五章由刘洪强、黄晓玮、杨勇、王丽晶编写；第六章由刘东军、杨勇、谢春龙、代宗伟、李志刚编写。

前言

在本教材编写过程中，消防救援局党委高度重视，多次做出重要批示、指示，作战训练处统筹协调、参编指导、审核把关。冷俐、江平、张玉升、高存义等同志以及北京体育大学、华东师范大学体育与健康学院、上海体育学院、云南师范大学体育学院等高等院校专家为本教材提出了宝贵的修改意见。参编人员紧密协作、扎实工作、潜心钻研、精益求精，在此一并表示衷心感谢。教材编写中难免有疏漏和不当之处，请各地单位在使用中提出宝贵意见。

本教材供新入职和消防救援大队、站在职的消防救援人员使用，政府专职消防员参照实施，消防救援队伍各级机关人员可依据岗位借鉴实施。

编委会
2019 年 4 月

目 录

第一章 概 述 ··· 1
 第一节 训练原则 ·· 1
  一、统一分阶 ·· 1
  二、从难从严 ·· 1
  三、循序渐进 ·· 1
  四、全面发展 ·· 2
  五、因情而异 ·· 2

 第二节 体能素质 ·· 2
  一、耐力 ·· 2
  二、力量 ·· 2
  三、速度 ·· 3
  四、灵敏 ·· 3
  五、柔韧 ·· 3

 第三节 运动解剖 ·· 3
  一、人体骨骼结构与功能 ··· 3
  二、人体肌肉结构与功能 ··· 5

第二章 训练组织 ·· 10
 第一节 入职教育训练 ··· 10
  一、训练适应期 ··· 10
  二、基础提升期 ··· 11
  三、应用强化期 ··· 12
  四、调整备考期 ··· 13

		第二节 在职培养	13
		一、巩固强化期	13
		二、能力保持期	15
第三章	基础训练		17
		第一节 耐力训练	17
		一、有氧耐力训练	17
		二、无氧耐力训练	18
		第二节 力量训练	19
		一、核心力量训练	19
		二、上肢力量训练	26
		三、下肢力量训练	43
		第三节 速度训练	50
		一、徒手速度训练	50
		二、负荷速度训练	51
		第四节 灵敏训练	52
		一、基础灵敏训练	52
		二、组合灵敏训练	53
		第五节 柔韧训练	54
		一、静力柔韧训练	54
		二、动力柔韧训练	64
第四章	应用训练		69
		一、5 000 m 负重	69
		二、400 m 救人疏散物资	70
		三、十楼负重	71
		四、搬运重物折返	72
		五、四楼攀爬绳索	73
		六、100 m 消防障碍	73
		七、30 m 拖重	75

八、100 m 负重 ……………………………………………… 75
　　九、60 m 肩梯 ……………………………………………… 76
　　十、应用体能综合训练 ……………………………………… 77

第五章　运动准备、恢复与营养 ……………………………………… 79
　第一节　运动准备 ………………………………………………… 79
　　一、热身运动 ………………………………………………… 79
　　二、伸展运动 ………………………………………………… 79
　　三、趣味活动 ………………………………………………… 79

　第二节　运动恢复 ………………………………………………… 80
　　一、有氧运动 ………………………………………………… 80
　　二、伸展运动 ………………………………………………… 80

　第三节　运动营养 ………………………………………………… 86
　　一、营养素 …………………………………………………… 86
　　二、营养补给 ………………………………………………… 87
　　三、专项运动营养 …………………………………………… 88

第六章　训练伤病的预防与处置 ……………………………………… 90
　第一节　训练伤病的预防措施 …………………………………… 90
　　一、充分的训练准备 ………………………………………… 90
　　二、合理的训练强度 ………………………………………… 90
　　三、有效的训练恢复 ………………………………………… 91

　第二节　常见训练伤病的处置措施 ……………………………… 91
　　一、肌肉拉伤 ………………………………………………… 91
　　二、韧带拉伤 ………………………………………………… 92
　　三、疲劳性骨膜炎 …………………………………………… 92
　　四、疲劳性骨折 ……………………………………………… 93
　　五、中暑 ……………………………………………………… 94
　　六、外伤 ……………………………………………………… 95
　　七、训练性膝关节痛 ………………………………………… 95

八、下腰部损伤 …………………………………………………… 96
九、抽筋 …………………………………………………………… 96

附　录 ……………………………………………………………… 97

附录1　消防救援人员体能训练阶段划分与训练课时
　　　　比重 ……………………………………………… 97
附录2　消防救援人员体型标准对照与体脂百分比 …… 97
附录3　消防救援人员入职培训体能测试项目及标准 … 101
附录4　入职教育训练、在职培养巩固强化期、在职
　　　　培养能力保持期体能训练周计划 …………… 102
附录5　消防救援人员体能测试项目 ……………………… 105
附录6　消防救援人员体能测试项目各项评分标准 …… 106

第一章

概 述

体能训练是消防救援人员提高耐力、力量、速度、灵敏、柔韧等身体素质和能力的训练活动，是开展技术、战术训练和完成灭火救援任务的重要基础，主要分为基础训练和应用训练。

第一节　训练原则

一、统一分阶

消防救援队伍体能训练项目多样，组训人员与受训人员的比重偏低，需要相对统一的训练项目、标准和组织，以获得良好的训练效果。考虑到人体体能水平的发展和衰减规律，根据消防员招录要求和全国测试数据，将消防救援人员体能训练按照年龄划分为三个阶段：27周岁之前应根据实际需求做到从难从严；27～40周岁的训练主要侧重于满足日常遂行作战基础体能需求和消防救援人员健康保障；40周岁之后主要侧重于保持消防救援人员职业健康和专项工作体能保障。

二、从难从严

国家综合性消防救援队伍是一支特殊的纪律部队，其作战模式和职业要求有别于其他国家和地区，更注重在高危作战环境下的任务执行能力和行动安全保障。因此，我国消防救援人员体能储备的需求和能力标准也区别于其他国家和地区的职业特点，训练要求更为全面，考核标准更为严格。

三、循序渐进

根据消防救援人员的实际体能发展规律，体能训练应遵循"由易到难、由简到繁、由轻到重"的发展规律，以"周"为训练时间单元，依据本单位人员的体能素质总体情况，研究阶段性训练方案，制定周期性训练计划，控制全过程体能训练强度。通过逐渐加大训练难度、强度和量的持续性训练，防止因短时高强度训练而触发运动疲劳，避免形成健康伤害。

四、全面发展

人体是一个有机整体，各器官系统之间的结构和机能是互相联系、互相制约的。任何局部功能的改善和提高，必然影响身体其他部位功能的变化和发展，并直接体现在应急救援行动中。体能训练应着眼耐力、力量、速度、灵敏、柔韧等要素，统筹基础训练和应用训练，系统性、综合性地提升身体各部位、器官系统的机能，全面发展消防救援人员身体素质。

五、因情而异

一方面，我国地域辽阔，气候、海拔、季节组成南北多样，各地训练场地、训练器械等外部条件有所不同，应以总队或支队为单位，因地制宜地制定符合本地区的训练方案；另一方面，各地区、各民族消防救援人员体质水平也存在差异，针对体质差异，特别是对于体质水平较低的人员，在严格执行训练计划的前提下，可在训练初期适当调整训练强度。

第二节　体能素质

消防救援人员职业过程较为漫长，各项体能素质对于工作能力和职业健康保障的优先级别具有其特有的职业需求。消防救援人员身体素质主要包括耐力、力量、速度、灵敏、柔韧等，每一项素质的提升和保持都应有长期规划与发展策略。

一、耐力

耐力素质是指机体在一定时间内保持特定强度负荷或动作质量的能力。按人体的生理系统分类，耐力素质可分为肌肉耐力和心血管耐力。心血管耐力又分为有氧耐力和无氧耐力。消防员要在执勤、训练的全过程保持特定的运动强度和动作质量，就必须具备良好的耐力素质。其中，有氧耐力被全世界消防员列为体能素质中最优先发展内容，其次为力量素质。

二、力量

力量素质是指人的机体或机体的某一部分肌肉工作（收缩或舒张）时克服内外阻力的能力，是人体抗阻能力的基础。消防救援人员力量素质发展主要以肌肉的最大力量、速度力量和力量耐力为主。最大力量是指人体或人体某一部分肌肉工作时克服最大内外阻力的能力。速度力量是指人体在运动时以最短的时间发挥出肌肉力量的能力。力量耐力是指人在克服一定外部阻力时，能坚持尽可能长的时间或重复尽可能多的次数的能力。

三、速度

速度素质是指人体或人体某部位快速运动的能力，即人体或人体某一部位快速做出运动反应、快速完成动作、快速移动的能力，是快速动作能力的基础。速度素质主要分为反应速度、动作速度和位移速度。反应速度是指人体对于各种刺激信号的快速应答能力，如听到火警铃声、撤离信号后的反应等。动作速度是指人体或人体的一部分完成单个动作或成套动作的快慢及单位时间内重复动作次数多少的能力。位移速度是指在周期性运动中，单位时间内人体快速位移的能力，体现在消防救援行动中就是各种距离的跑动和攀爬训练等。

四、灵敏

灵敏素质是指人体在各种突然变换的条件下，快速、协调、敏捷、准确地完成动作的能力。它是人的运动技能、神经反应和各种身体素质的综合表现，是敏捷且准确的动作能力的基础。

五、柔韧

柔韧素质是指人体关节活动幅度的大小，以及跨过关节的韧带、肌腱、肌肉、皮肤及其他组织的弹性和伸展能力，是协调运动能力的基础。柔韧素质一方面能够很好地降低运动伤病发生的概率，另一方面可以通过拉伸肌肉的舒展度，提升肌肉做功的距离和强度，进一步提高运动能力。

第三节　运动解剖

消防救援人员开展体能训练前，应熟悉人体骨骼、肌肉的分布和功能，了解运动解剖的基本常识，掌握有效防止运动损伤的原理，提升体能训练科学成效。

一、人体骨骼结构与功能

人体共有骨骼206块，分为颅骨、躯干骨和四肢骨三个部分。其中，颅骨29块，躯干骨51块，四肢骨126块。骨骼起到支撑身体、保护器官的功能，同时与肌肉组织共同作用实现人体活动（图1-1）。

1.支撑作用

人体由骨骼通过关节、肌肉、韧带或直接连接组成骨架，起到维持身体姿态、支撑身体的作用。

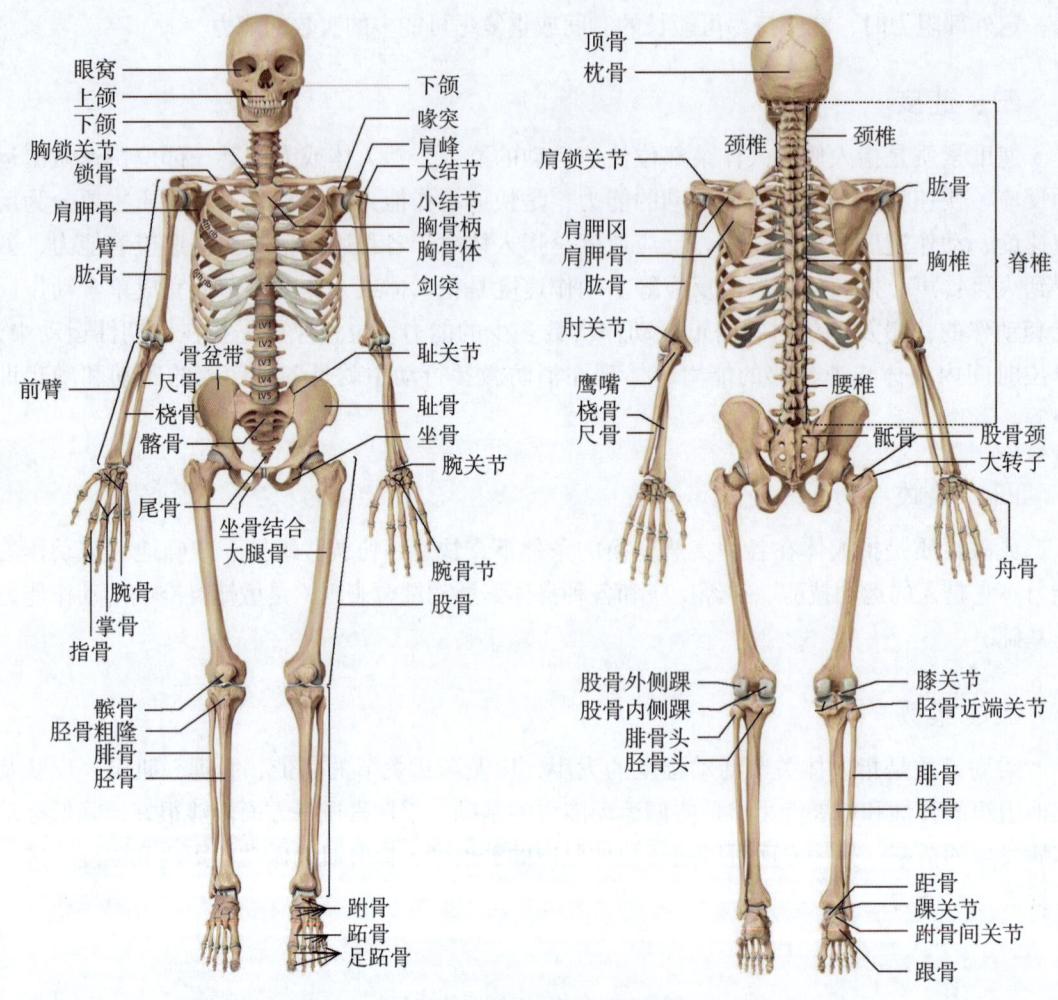

图 1-1 人体骨骼示意图

2. 保护作用

人体骨骼以骨架的形式保护身体重要器官，避免遭受外力损伤，如颅骨保护大脑，肋骨保护胸腔。

3. 运动功能

骨骼与肌肉、肌腱、韧带和关节一起协同完成力量传递、姿态变化，实现人体运动功能。

4. 代谢功能

骨骼中含有大量的钙、磷及其他有机物和无机物，参与体内无机盐代谢和内分泌调节。

5. 造血功能

人体幼年时期，骨髓腔内的造血细胞参与血液形成；成年后，部分松质骨内的红骨髓仍具有造血功能。

二、人体肌肉结构与功能

人体肌肉共约 639 块，按部位可分为躯干肌、上肢肌、下肢肌和头颈肌；按结构和功能又可分为平滑肌、心肌和骨骼肌。运动肌肉主要为骨骼肌，分为白肌和红肌。白肌俗称"快肌纤维"，具有做功能量大、收缩速度快的特点，主要为速度类、爆发类运动提供绝对力量和爆发力；红肌俗称"慢肌纤维"，具有做功时间长、能量消耗少的特点，主要为长时间中低强度有氧运动提供持续耐力（图 1-2）。

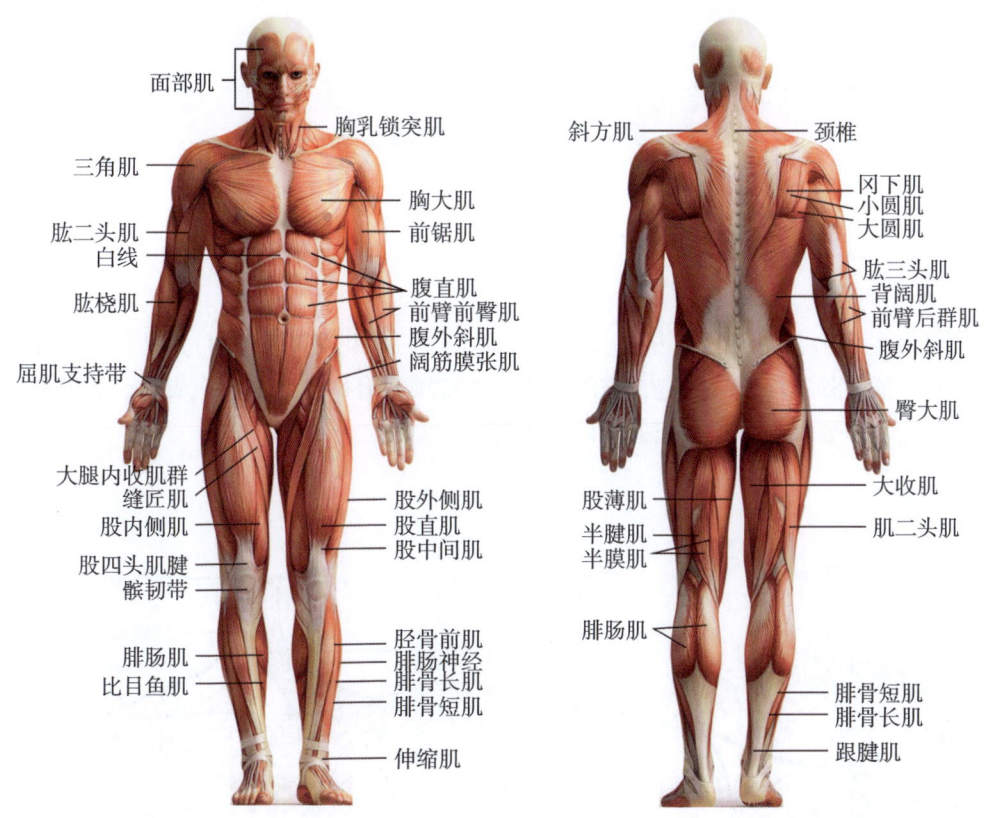

图 1-2 人体肌肉示意图

1. 胸部肌肉

胸部肌肉主要由胸大肌、胸小肌、锁骨下肌、前锯肌等组成（图 1-3）。具有为肩关节、肩胛骨、锁骨外端运动提供力量，辅助肺部呼吸等功能。训练项目有跪姿俯卧撑、哑铃卧推、哑铃正向飞鸟等。

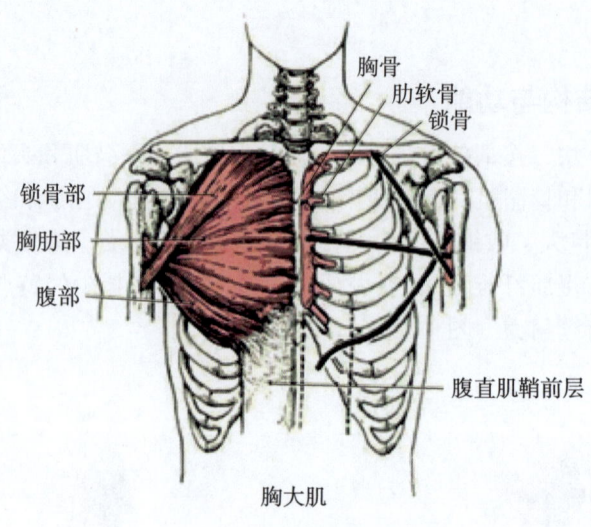

图 1-3　胸部肌肉示意图

2. 背部肌肉

背部肌肉主要由背阔肌、斜方肌、菱形肌、竖脊肌等组成（图 1-4）。具有维持和增强脊柱稳定性、辅助骨盆前倾、固定骨骼的功能。训练项目有站姿俯身反向飞鸟、俯身杠铃划船、坐姿划船、坐姿颈前下拉、正握引体向上等。

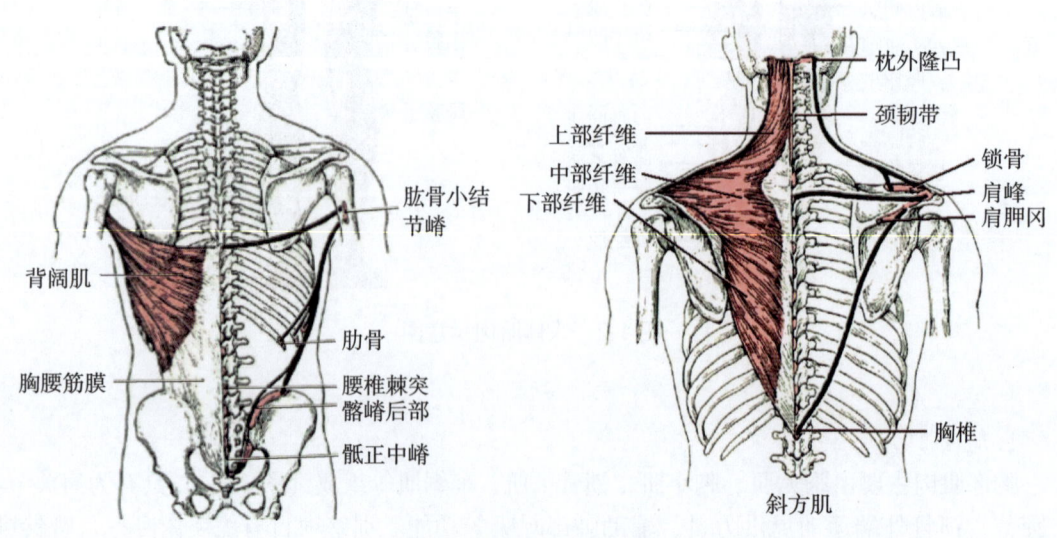

图 1-4　背部肌肉示意图

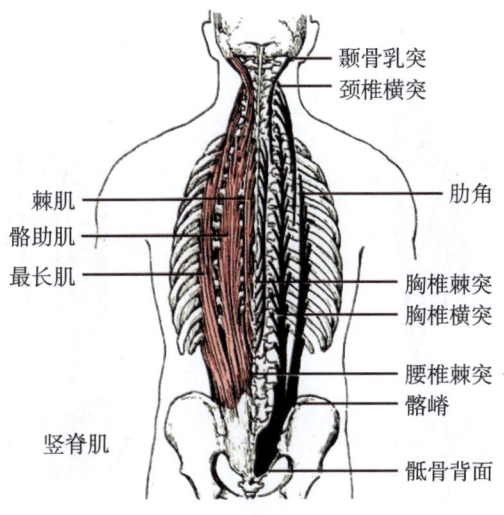

图1-4 背部肌肉示意图（续）

3. 腹部肌肉

腹部肌肉主要由腹直肌、腹外斜肌、髂腰肌等组成（图1-5）。具有伸缩腹部，为脊椎旋转、侧倾提供力量，辅助骨盆后倾和呼气等功能。训练项目有屈腿仰卧起坐、仰卧交臂卷腹、仰卧抬腿、仰卧直腿两头起、单杠悬垂举腿、平板支撑、坐姿剪刀腿等。

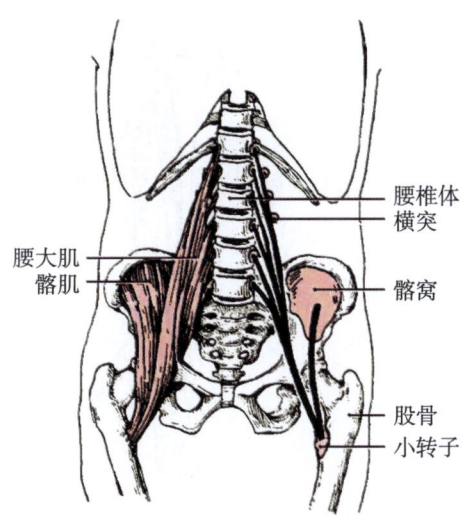

图1-5 腹部肌肉示意图

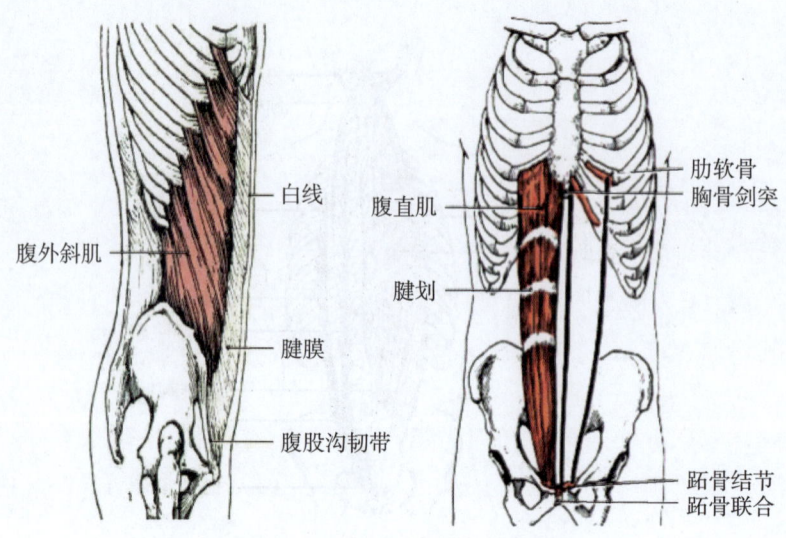

图 1-5 腹部肌肉示意图（续）

4. 臂部肌肉

臂部肌肉主要由三角肌、肱二头肌、肱三头肌、喙肱肌、尺侧腕伸肌、桡侧腕长伸肌等组成（图 1-6）。具有收缩固定关节，辅助肩膀和肘部内外旋转、臂部关节伸展、手部举伸等功能。训练项目有站姿靠墙哑铃扩胸、哑铃集中弯举、靠墙哑铃弯举、反握引体向上、双臂颈后哑铃臂屈伸、双杠臂屈伸、站姿哑铃提肘拉、站姿哑铃侧平举等。

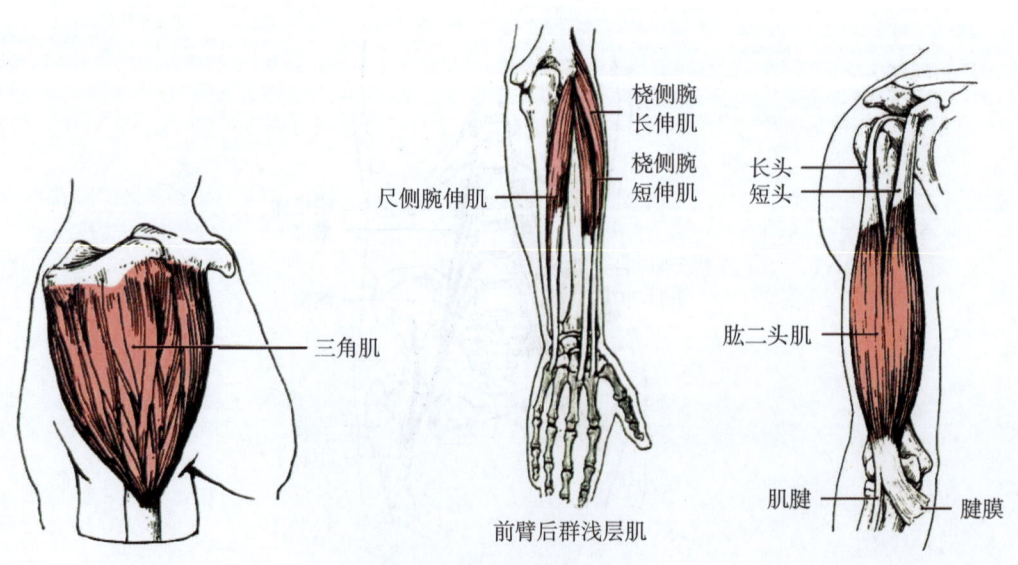

图 1-6 臂部肌肉示意图

5. 腿部肌肉

腿部肌肉主要由臀大肌、股四头肌、股二头肌、胫骨前肌、腓骨前肌、比目鱼肌、腓肠肌等构成（图1-7）。具有收缩固定关节，辅助腿部内外旋转、膝关节伸展和维持人体直立姿势等功能。训练项目有深蹲、单腿深蹲、原地深蹲纵跳、站姿侧弓步、高脚杯深蹲、原地脚尖纵跳、站姿杠铃提踵等。

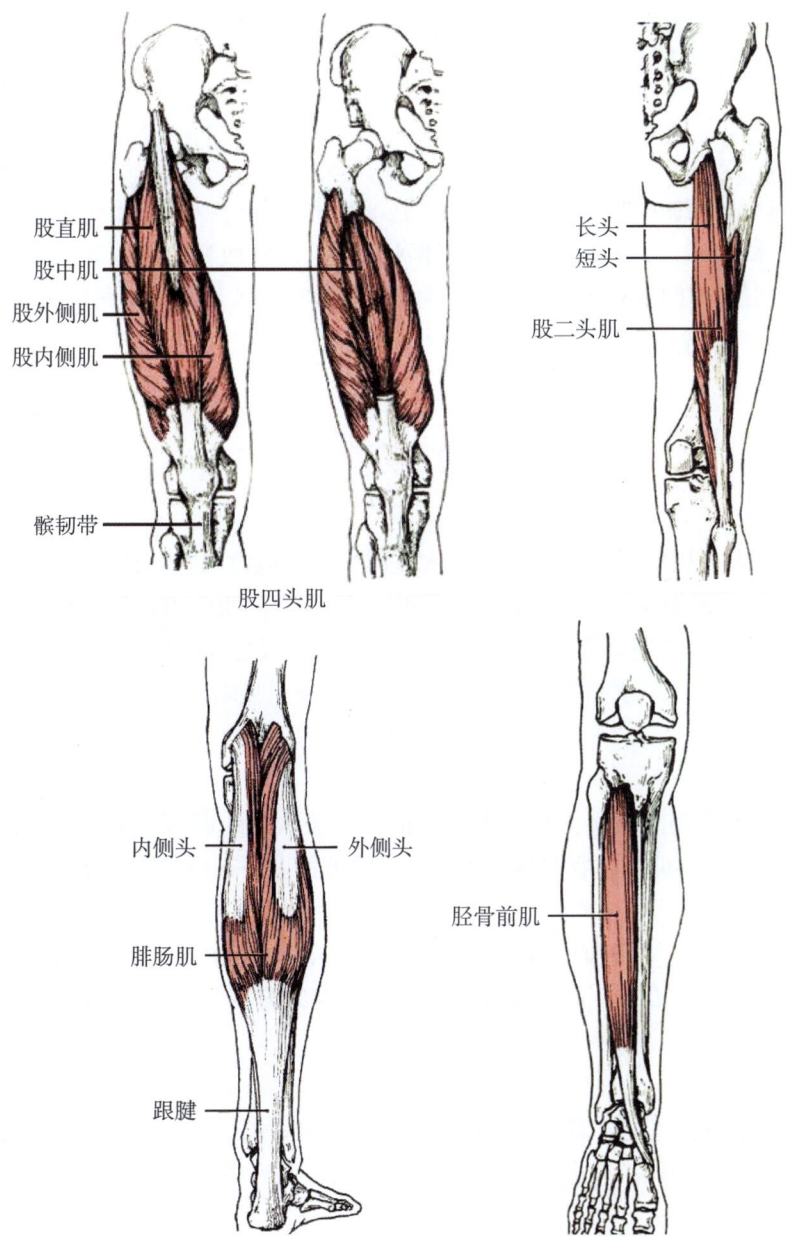

图1-7 腿部肌肉示意图

第二章

训练组织

消防救援人员体能训练分为入职教育训练和在职培养两部分，通过各阶段系统科学的训练，达到保持身体健康、服务遂行作战的基本要求。除入职教育训练以外，按照季节不同，消防救援队伍训练全年划分为冬训和夏训两个周期执行。冬训通常自每年的11月开始至第二年的5月结束，其余时间为夏训。

第一节　入职教育训练

新入职消防救援人员招录后，通常由各总队结合实际实施为期52周的集中或相对集中的教育训练。该阶段训练分为四个周期执行。其中，训练适应期5周，基础提升期25周，应用强化期18周，调整备考期4周。入职教育训练考核内容包括基础体能和应用体能。其中，基础体能全科目考核，应用体能考核四项（具体考核项目见附录3）。

一、训练适应期

该周期主要使新入职消防救援人员逐渐适应消防救援队伍的训练节奏和环境，养成良好的训练习惯和建立初步的训练生物时钟，为今后高强度的业务训练打下基础。

1. 晨练

每周一至周六起床后至早餐前进行晨练，训练时间40 min为宜，主要包括1 200 m热身跑（每400 m控速2 min 30 s）、静力拉伸和动力拉伸相结合的柔韧训练和以10 min有氧健美操为主的协调训练。

2. 昼训

每周一至周六下午进行昼训，训练时间60 min为宜，主要包括15 min训练前热身、30～45 min正课训练、10 min训练后恢复。内容主要为有氧、无氧相间隔的耐力训练。正课安排参考如下：

周一下午应安排3 000 m控速有氧训练（每400 m控速2 min 15 s），训练量为一遍。

周二下午应安排控速 200 m 半距速度训练（控速 40 s），训练量为六遍，每遍间隔 3 min。

周三下午应安排 5 000 m 控速有氧训练（每 400 m 控速 2 min 15 s），训练量为一遍。

周四下午应安排控速 200 m 半距速度训练（控速 40 s），训练量为六遍，每遍间隔 3 min。

周五下午应安排控速 400 m 等距速度训练（控速 1 min 30 s），训练量为六遍，每遍间隔 3 min。

周一至周五下午耐力训练后，再适当安排灵敏训练。

周六下午应安排 6 000 m 控速有氧训练（每 400 m 控速 2 min 15 s），训练量为一遍。

3. 夜训

每周一、周三、周五、周日晚餐后 1 h 进行夜训，训练时间 60 min 为宜，主要包括 10 min 训练前热身、30 min 正课训练、20 min 训练后恢复。内容主要为核心力量训练和上、下肢力量训练。正课安排参考如下：

周一应安排核心力量训练。

周三应安排上肢力量训练。

周五应安排核心力量训练。

周日应安排下肢力量训练。

4. 强度控制

该阶段侧重于严格控速的有氧训练、低强度速度训练、中低强度核心力量训练、中强度柔韧训练，以及趣味多样的协调、灵敏训练。

二、基础提升期

该周期主要使新入职消防救援人员达到合格消防救援人员所需要的基础体能要求，能够较好地接受和完成消防救援队伍的体能训练任务，初步具备自主开展体能训练的能力。

1. 晨练

每周一至周六起床后至早餐前进行晨练，训练时间 40 min 为宜，主要包括 1 200 m 热身跑（每 400 m 控速 2 min 30 s）、静力拉伸和动力拉伸相结合的柔韧训练和以 10 min 有氧健美操为主的协调训练。

2. 昼训

每周一至周六下午进行昼训，训练时间 60 min 为宜，主要包括 15 min 训练前热身、30～45 min 正课训练、10 min 训练后恢复。内容主要为有氧、无氧相间隔的耐力训练。正课安排参考如下：

周一下午应安排 3 000 m 控速有氧训练（每 400 m 控速 2 min 05 s），训练量为两遍。

周二下午应安排控速 200 m 半距速度训练（控速 38 s），训练量为六遍，每遍间隔 3 min。

周三下午应安排 5 000 m 控速有氧训练（每 400 m 控速 2 min 05 s），训练量为一遍。

周四、周五下午应安排控速 400 m 等距速度训练（控速 1 min 25 s），训练量为六遍，每遍间隔 3 min。

周二至周五下午耐力训练后，再适当安排灵敏训练。

周六下午应安排 8 000 m 控速有氧训练（每 400 m 控速 2 min 05 s），训练量为一遍。

3. 夜训

每周一、周三、周五、周日晚餐后 1 h 进行夜训，训练时间 60 min 为宜，主要包括 10 min 训练前热身、30 min 正课训练、20 min 训练后恢复。内容主要为核心力量训练和上、下肢力量的爆发力训练。正课安排参考如下：

周一应安排发展速度力量的核心力量训练。

周三应安排发展速度力量的上肢力量训练。

周五应安排发展力量耐力的核心力量训练。

周日应安排发展速度力量的下肢力量训练。

4. 强度控制

该阶段侧重于中强度并严格控速的有氧训练、中强度速度训练、中强度核心力量训练、中强度专项力量训练、中强度柔韧训练，以及趣味多样的协调、灵敏训练。

三、应用强化期

该周期主要使新入职消防救援人员体能素质得到强化，增加应用体能训练课目，为体能素质的全面应用打下一定基础。

1. 晨练

每周一至周六起床后至早餐前进行晨练，训练时间 40 min 为宜，主要包括 1 200 m 热身跑（每 400 m 控速 2 min 30 s）、静力拉伸和动力拉伸相结合的柔韧训练和以 10 min 有氧健美操为主的协调训练。

2. 昼训

每周一至周六下午进行昼训，训练时间 60 min 为宜，主要包括 15 min 训练前热身、30～45 min 正课训练、10 min 训练后恢复。内容主要为有氧、无氧相间隔的耐力训练。正课安排参考如下：

周一应安排 5 000 m 控速有氧训练（每 400 m 控速 2 min），训练量为一遍。

周二应安排控速 200 m 半距速度训练（控速 35 s），训练量为六遍，每遍间隔 3 min。

周三应安排 5 000 m 负重应用体能训练（每 400 m 控速 2 min 15 s），训练量为一遍。

周四应安排控速 400 m 等距速度训练（控速 1 min 20 s），训练量为六遍，每遍间隔 3 min。

周五应安排控速 400 m 速度耐力训练（控速 1 min 25 s），训练量为六遍，每遍间隔 2 min。

周一至周五下午耐力训练后，再适当安排灵敏训练。

周六应安排 10 000 m 控速有氧训练（每 400 m 控速 2 min），训练量为一遍。

3. 夜训

每周一、周三、周五、周日晚餐后 1 h 进行夜训，训练时间 60 min 为宜，主要包括 10 min 训练前热身、30 min 正课训练、20 min 训练后恢复。内容主要为核心力量的全面训练和上、下肢力量的最大负重训练。正课安排参考如下：

周一应安排发展速度力量的核心力量训练。

周三应安排发展最大力量的上肢力量训练。

周五应安排发展力量耐力的核心力量训练。

周日应安排发展最大力量的下肢力量训练。

4. 强度控制

该阶段侧重于中强度并严格控速的有氧训练、中高强度速度训练、中强度核心力量训练、高强度专项力量训练、中强度柔韧训练，以及趣味多样的协调、灵敏训练。

四、调整备考期

该周期主要使新入职消防救援人员了解掌握考核程序和考核标准，逐步调整考核心理状态。训练内容和强度安排参照基础提升期执行。

第二节　在职培养

消防救援人员从正式任职至退出消防救援执勤工作，都应进行体能训练。以 27 周岁为界，体能训练的在职培养由巩固强化期和能力保持期两个时期组成。

一、巩固强化期

消防救援人员自正式任职至 27 周岁期间的体能训练属于巩固强化期训练。

（一）冬训阶段

根据冬季气候特点，开展体能训练是该阶段的主要训练内容，侧重于加强体能储备，从而进一步巩固和提升消防救援人员基础体能水平。

1. 晨练

每周一至周五起床后至早餐前进行晨练，训练时间 40 min 为宜，主要包括 1 200 m 热身跑（每 400 m 控速 2 min 30 s）、静力拉伸和动力拉伸相结合的柔韧训练和以 10 min 有氧健美操为主的协调训练。

2. 昼训

每周一至周五上午和周一、周三、周四下午进行昼训，训练时间 180 min 为宜。其中，上午为有氧、无氧相间隔的耐力训练，包括 45 min 训练前热身、45～60 min 正课训练、15 min 灵敏训练、20 min 核心力量训练、40 min 训练后恢复；下午为力量训练，包括 45 min 训练前热身、75～90 min 正课训练、40 min 训练后恢复。正课安排参考如下：

周一上午应安排 5 000 m 控速有氧训练（每 400 m 控速 1 min 55 s），训练量为一遍。

周二上午应安排控速 400 m 等距速度训练（控速 1 min 20 s），训练量为六遍，每遍间隔 3 min。

周三上午应安排控速 800 m 超距速度训练（每 400 m 控速 1 min 25 s），训练量为六遍，每遍间隔 3 min。

周四上午应安排控速 400 m 速度耐力训练（控速 1 min 20 s），训练量为六遍，每遍间隔 2 min。

周一至周四上午耐力训练后，再安排灵敏训练和核心力量训练。

周五上午应安排 10 000 m 控速有氧训练（每 400 m 控速 1 min 55 s），训练量为一遍。之后再安排核心力量训练。

周一下午应安排下肢类应用训练，强度 80%，训练量为六遍，每遍间隔 3 min。

周三下午应安排上肢类应用训练，强度 80%，训练量为六遍，每遍间隔 3 min。

周四下午应安排专项力量训练。

3. 强度控制

该阶段侧重于中强度并严格控速的有氧训练、中高强度速度训练、中强度核心力量训练、高强度专项力量训练、中强度柔韧训练，以及趣味多样的协调、灵敏训练。

（二）夏训阶段

夏训主要侧重技能训练，体能训练主要以辅助技能训练的专项力量和核心力量训练为主，有计划地实施速度和有氧训练，以保持机体高负荷工作状态。

1. 晨练

每周一至周五起床后至早餐前进行晨练，训练时间 40 min 为宜，主要包括 1 200 m 热身跑（每 400 m 控速 2 min 30 s）、静力拉伸和动力拉伸相结合的柔韧训练和以 10 min 有氧健美操为主的协调训练。

2. 昼训

每周一至周五上午技能训练后，应安排核心力量训练和专项力量训练，训练时间 45 min 为宜；下午训练时间 180 min 为宜。内容主要为有氧、无氧相间隔的耐力训练。正课安排参考如下：

周一至周五上午技能训练后，应安排核心力量训练和专项力量训练。

周一下午应安排控速 200 m 半距速度训练（控速 35 s），训练量为六遍，每遍间隔 3 min。

周三下午应安排控速 400 m 等距速度训练（控速 1 min 20 s），训练量为六遍，每遍间隔

3 min。

周四下午应安排 10 000 m 控速有氧训练（每 400 m 控速 1 min 55 s），训练量为一遍。

3. 强度控制

该阶段侧重于中强度有氧训练、中高强度速度训练、高强度专项力量训练、中强度核心力量训练、中强度柔韧训练，以及趣味多样的协调、灵敏训练。

二、能力保持期

能力保持期训练自 27 周岁至退出消防救援执勤工作。

（一）冬训阶段

1. 晨练

每周一至周五起床后至早餐前进行晨练，训练时间 40 min 为宜，主要包括 1 200 m 热身跑（每 400 m 控速 2 min 30 s）、静力拉伸和动力拉伸相结合的柔韧训练和以 10 min 有氧健美操为主的协调训练。

2. 昼训

每周一至周五上午和周一、周三、周四下午进行昼训，训练时间 180 min 为宜，主要包括 45 min 训练前热身、45～60 min 正课训练、15 min 灵敏训练、20 min 核心力量训练、40 min 训练后恢复。内容主要为有氧、无氧相间隔的耐力训练。正课安排参考如下：

周一上午应安排 3 000 m 控速有氧训练（不满 40 周岁每 400 m 控速 2 min 05 s，年满 40 周岁每 400 m 控速 2 min 15 s），训练量为一遍。

周二上午应安排控速 200 m 半距速度训练（不满 40 周岁控速 40 s，年满 40 周岁控速 42 s），训练量为六遍，每遍间隔 3 min。

周三上午应安排控速 400 m 等距速度训练（控速 1 min 35 s），训练量为六遍，每遍间隔 3 min。

周四上午应安排控速 200 m 半距速度训练（不满 40 周岁控速 40 s，年满 40 周岁控速 42 s），训练量为六遍，每遍间隔 3 min。

周一至周四上午耐力训练后，再安排灵敏训练和核心力量训练。

周五上午应安排 5 000 m 控速有氧训练（不满 40 周岁每 400 m 控速 2 min 05 s，年满 40 周岁每 400 m 控速 2 min 15 s），训练量为一遍。之后再安排核心力量训练。

周一下午应安排下肢类应用训练，强度 80%，训练量为六遍，每遍间隔 3 min。

周三下午应安排上肢类应用训练，强度 80%，训练量为六遍，每遍间隔 3 min。

周四下午应安排专项力量训练。

3. 强度控制

该阶段侧重于中低强度并严格控速的有氧训练、中强度速度训练、中强度核心力量训练、中强度专项力量训练、中强度柔韧训练，以及趣味多样的协调、灵敏训练。

（二）夏训阶段

1. 晨练

每周一至周五起床后至早餐前进行晨练，训练时间 40 min 为宜，主要包括 1 200 m 热身跑（每 400 m 控速 2 min 30 s）、静力拉伸和动力拉伸相结合的柔韧训练和以 10 min 有氧健美操为主的协调训练。

2. 昼训

每周一至周五上午技能训练后，应安排核心力量训练和专项力量训练，训练时间 45 min 为宜；下午训练时间 180 min 为宜。内容主要为有氧、无氧相间隔的耐力训练。正课安排参考如下：

周一至周五上午技能训练后，应安排核心力量训练和专项力量训练。

周一下午应安排控速 200 m 半距速度训练（不满 40 周岁控速 40 s，年满 40 周岁控速 42 s），训练量为六遍，每遍间隔 3 min。

周三下午应安排控速 400 m 等距速度训练（控速 1 min 35 s），训练量为六遍，每遍间隔 3 min。

周四下午应安排 5 000 m 有氧训练，训练量为一遍。

3. 强度控制

该阶段侧重于中低强度有氧训练、中强度速度训练、中强度专项力量训练、中强度核心力量训练、中强度柔韧训练，以及趣味多样的协调、灵敏训练。

第三章
基础训练

基础训练是为提高消防救援人员所需要的专项运动素质而进行的活动，是体能训练的重要组成部分，通常以徒手或依靠器械展开训练。基础训练主要包括耐力训练、力量训练、速度训练、灵敏训练和柔韧训练。

第一节　耐力训练

耐力训练是指为提高人体肌肉耐力和心血管耐力（又称心肺耐力、心肺功能）而进行的活动，主要包括长距有氧耐力训练和短距无氧耐力训练。耐力训练的强度、距离、组数和间隔时间见表3-1。

表3-1　耐力训练的强度、距离、组数和间隔时间

项目		强度/%	距离/m	组数	间隔时间/min
长距有氧耐力训练	半距	85	1 500	3	3
	等距	80	5 000	2	6
	超距	70	10 000 及以上	1	
短距无氧耐力训练	等距	80	400	6～8	3
	半距	85	200～300	6～8	3
	超距	75	600～800	6～8	3
	速耐	80	400	6～8	1.5

一、有氧耐力训练

有氧耐力训练主要为提高人体长时间进行有氧供能（依靠糖、脂肪等有氧氧化供能）

的能力。

1. 匀速配速中长距离跑

通常以每千米 5 min 20 s 以内配速，跑动距离在 3 000～5 000 m 为宜，配速跑心率需要达到最大心率的 70%～80%，以达到提升心血管耐力的目的。

2. 匀速配速长距离慢跑

通常以每千米 6 min 以内配速，慢跑 10 km 以上，达到最大心率的 59%～74%，是心脏最佳做功模式。

3. 匀速限时中短距离跑

通常以受训者 1 500 m 最好成绩 85% 的能力，完成多组 1 500 m，心率需要达到最大心率的 80%～90%，以起到提升心血管耐力的目的。

4. 法特莱克跑

法特莱克跑是一种快慢结合的（变速跑）训练法，是在慢跑中插入不定时间、不定距离的加速跑、重复跑、冲刺跑，能有效提升心肺功能的混氧训练。训练中不断缩短慢跑时间，以提高无氧代谢水平。例如 300 m 全速跑接 100 m 慢跑、400 m 中高速跑接 100 m 慢跑、600 m 中速跑接 200 m 慢跑，或 80 s 全速跑接 40 s 慢跑等项目。通常遇直道快跑，遇弯道慢跑，反复练习数次，最后完成一定距离的冲刺，总时间一般不超过 30 min。

5. 游泳

通常在 25 m 或 50 m 长的泳池里，任选蛙泳、自由泳、蝶泳、仰泳等泳姿完成规定距离的游泳。

二、无氧耐力训练

无氧耐力训练主要为提高人体在缺氧状态下（或不能获得充足氧以产生足够的有氧能量时），长时间进行无氧代谢供能的能力。

以最快速度进行全力冲刺跑，如 100 m、200 m、400 m 全力跑的训练，人体的最大速度将会被激发从而得到提升。通常以最快速度冲刺 10～20 s，距离 90～150 m 为宜，间歇最长不超过 2 min，可重复练习多组。冲刺与间歇时间之比为 1∶2 或 1∶3，如冲刺跑 20 s，需要间歇 40 s，再做下一组；而如冲刺 1 min，则需要休息 2～3 min，再做下一组。间歇时，可停下来完全休息，也可以用慢跑或者快走代替。

1. 抗乳酸跑

训练距离以 400～800 m 为宜，训练强度控制在最大心率的 89%～92%，训练间隔 2 min 以内，进行重复练习。

2. 间歇跑

间歇跑是指在机体尚未完全恢复的情况下就进行下一次练习的训练方法，以提高运动的绝对速度。例如，400 m 间歇跑时，跑至受训员心率达 160～185 次/min 负荷进行间歇，待心率降至 120～130 次/min 即可开始第二次快速跑，严格控制间歇时间，重复练习多组。

3. 重复跑

重复跑适用于新入职消防救援人员或身体素质较弱人员的初期训练，是将长距离跑以固定的距离、固定的时间、固定的配速进行次与组间的反复跑。重复跑的距离与主项跑的距离相对一致，严格控制并逐步缩短休息时间，训练初期按 1 000 m 休息 1 min 的原则开展。例如，10 000 m 重复跑，可进行两组 5 000 m（间隔 5 min）或五组 2 000 m（间隔 2 min）；5 000 m 重复跑，可进行两组 3 000 m（间隔 3 min）、三组 2 000 m（间隔 2 min）或五组 1 000 m（间隔 1 min）。缩短训练休息时间才能提高无氧训练的水平。

第二节　力量训练

力量训练主要包括核心力量、上肢力量和下肢力量训练。力量训练时，不可始终对某一块肌肉或肌肉群进行，应当交替进行。力量训练的强度、次数、组数、速度和间隔时间见表 3–2。

表 3–2　力量训练的强度、次数、组数、速度和间隔时间

项目	强度/%	单组次数	组数	完成单次动作速度	间隔时间/min
最大力量	95～100	1～5 次	3～4	慢下快起	6
速度力量	80～85	力竭	5～6	慢下快起	3
力量耐力	60～65	动作变形	3～4	匀速	6

一、核心力量训练

核心力量训练也称腰腹核心力量训练，是指为发展人体肩关节以下、髋关节以上区域肌肉力量素质而进行的活动。根据任务特点，消防救援人员的核心力量训练主要针对腹直肌、腹外斜肌、竖脊肌、髂腰肌展开。

（一）腹直肌训练

1. 仰卧交臂卷腹

（1）动作要领：仰卧于垫上，双腿分开屈膝，两臂交叉打开，放于胸前；腹部用力，上体屈起呈坐姿，双肘触碰膝关节，然后上体后倒还原呈准备姿势（图 3–1）。

（2）训练要求：臀部不得离地借力；打开还原时，头与肩膀不得触地。

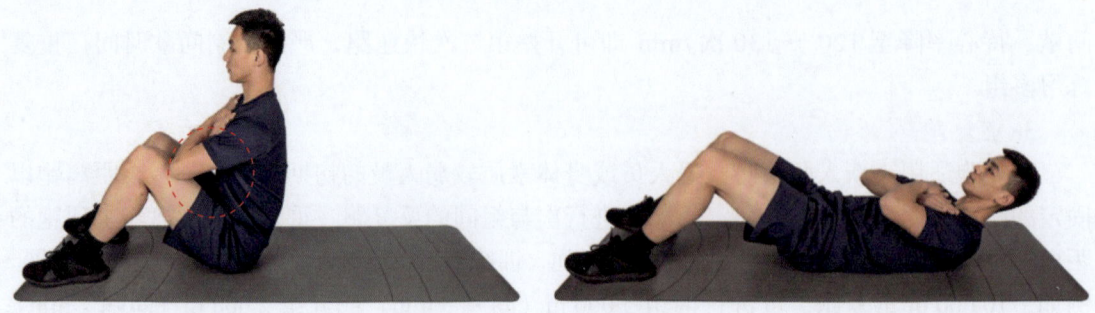

图 3-1　仰卧交臂卷腹

2. 屈腿仰卧起坐

（1）动作要领：仰卧于垫上，双腿并拢屈膝，固定两脚，双手分别扶住耳朵，含胸低头；腹部用力，上体屈起呈坐姿，双肘触碰膝关节，然后上体后倒还原呈准备姿势（图3-2）。

（2）训练要求：臀部不得离地借力；打开还原时，头与肩膀不得触地。

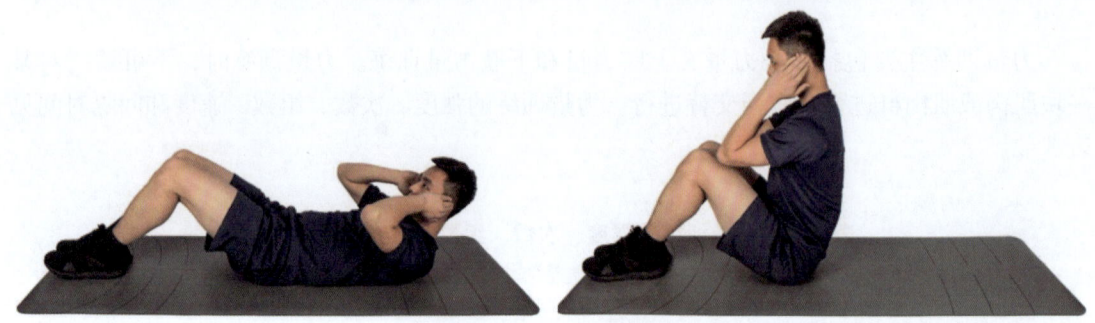

图 3-2　屈腿仰卧起坐

3. 仰卧抬腿

（1）动作要领：仰卧于垫上，双手放于头上方扶握固定物，双腿水平伸直；双腿保持绷直并抬起，收腹使双腿与地面垂直，然后打开还原呈准备姿势（图3-3）。

图 3-3　仰卧抬腿

（2）训练要求：收紧腹部，膝关节不得弯曲；打开还原时，头部和脚后跟不得着地借力。

4. 仰卧直腿两头起

（1）动作要领：仰卧于垫上，头部略微抬高，双腿水平伸直，双臂向头上方伸直，身体呈水平；双腿保持绷直并抬起，收腹使双手手指向前触碰脚尖，然后打开还原呈准备姿势（图3-4）。

（2）训练要求：收紧腹部，保持腿部和背部离开地面，膝关节不得弯曲；打开还原时，头部和脚后跟不得着地借力。

图 3-4　仰卧直腿两头起

5. 单杠悬垂举腿

（1）动作要领：双手正握单杠悬垂，握距与肩同宽，躯干绷紧，自然下垂伸直；收腹将双腿绷直抬至水平位置，双腿缓慢下放呈准备姿势（图3-5）。

（2）训练要求：抬升双腿时膝关节不得弯曲，控制身体稳定性。

图 3-5　单杠悬垂举腿

6. 单杠吊卷腿

（1）动作要领：双手掌心相对前后握杠，身体自然下垂，双腿交叉；屈膝收腹向上提拉，双膝触碰肘关节后，双腿缓慢下放呈准备姿势（图3-6）。

（2）训练要求：双腿下放后不得借力练习。

图3-6　单杠吊卷腿

（二）腹外斜肌训练

1. 坐姿剪刀腿

（1）动作要领：平坐于垫上，双手放于身体两侧，支撑身体稍向后仰，双膝微屈抬高双腿，使脚踝离地约20 cm，双手手掌撑地，使上身与地面呈约30°夹角并保持平衡；收腹抬起双腿上下、左右交叉运动（图3-7）。

（2）训练要求：腿部离地，双膝不得过于弯曲，控制身体稳定性。

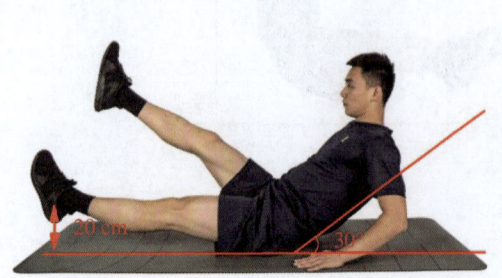 

图3-7　坐姿剪刀腿

2. 平板支撑

（1）动作要领：俯卧于垫上，双肘撑地与肩同宽呈俯卧姿势，双手手指交叉相扣，虎口向上，肘关节和肩关节与身体保持直角，自肩至脚后跟呈直线，脚前掌着地做身体后部支撑，保持身体挺直（图3-8）。

（2）训练要求：身体保持绷直，不得塌腰、弓腰。

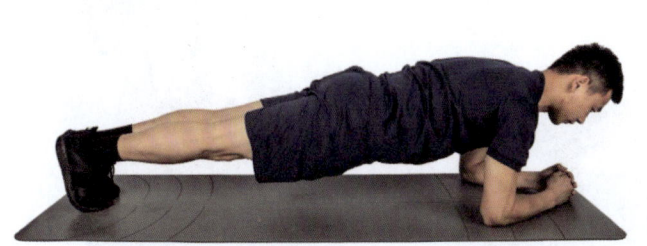

图3-8　平板支撑

3. 侧支撑

（1）动作要领：侧卧于垫上，单肘撑地，前臂尺骨侧贴地做身体前部支撑，小臂与身体平面垂直，两脚并拢支撑于地面，自肩至脚后跟呈直线，另一手叉腰，保持身体平衡（图3-9）。

（2）训练要求：身体保持绷直，收紧臀部，腰部不得下塌、上弓。

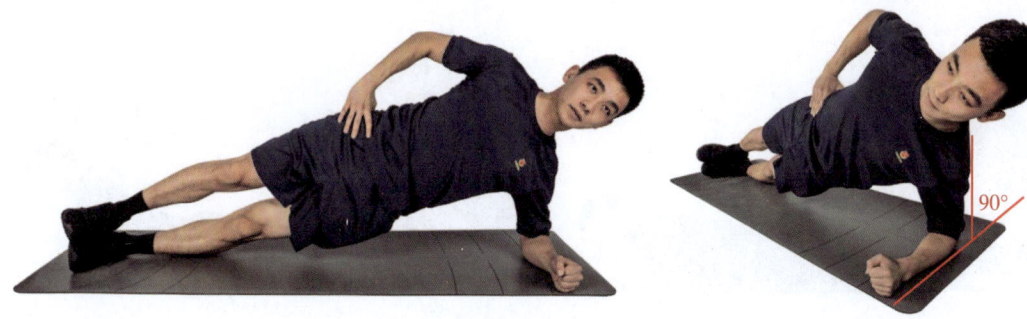

图3-9　侧支撑

4. 俄罗斯转体

（1）动作要领：平坐于垫上，臀部着地，双腿屈膝，双手抱健身球或重物于身体前；向左、右转体 45°，双脚保持平衡（图 3-10）。

(2) 训练要求：腰腹收紧，双脚不能触地，转体时头部跟随。

图 3-10　俄罗斯转体

（三）竖脊肌训练

1. 抱头挺身起

(1) 动作要领：俯卧于垫上，双手抱头，辅助人员按住双脚；手臂向头部上方伸直；收背翘起头部，上体伸直抬离地面（头部距地面 20 cm），再放下呈准备姿势（图 3-11）。

(2) 训练要求：抬起时让背部肌肉发力带动上半身抬起，上体保持绷直。

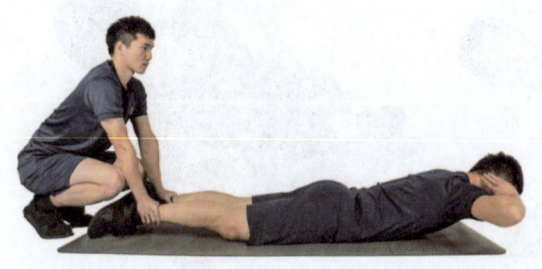
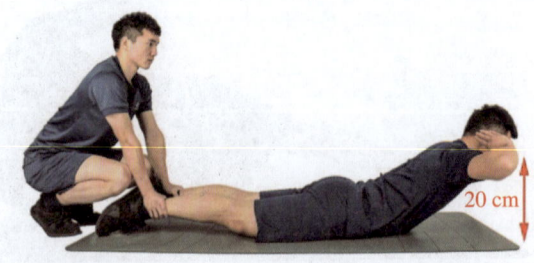

图 3-11　抱头挺身起

2. 俯卧挺身两头起

(1) 动作要领：俯卧于垫上，伸直手臂和双腿，手臂微张开，双脚并拢；收背翘起上、下肢，手臂和腿同时向上抬离地面，再放下呈准备姿势（图 3-12）。

（2）训练要求：抬起时让背部肌肉发力带动手臂和腿上抬，头部跟随上半身一起抬起，上体和下肢各保持绷直。

图 3-12　俯卧挺身两头起

3. 直腿硬拉

（1）动作要领：身体呈站立姿势，两脚分开与肩同宽，屈髋，膝盖微屈，保持膝盖固定不动，双手正握杠铃提起并自然下垂，腰背挺直；下放杠铃直至双脚上方位置，停顿 1 s 后，将杠铃提拉至准备位置（图 3-13）。

（2）训练要求：提拉时杠铃要紧挨大、小腿，下放杠铃时不得塌腰，提拉杠铃时运用髋部顶伸。

图 3-13　直腿硬拉

（四）髂腰肌训练

1. 扶墙弓步抬腿

（1）动作要领：双手撑墙，单脚脚前掌撑地，脚尖向前，肩部、臀部与支撑脚脚后跟呈直线，人体与地面呈约 45°夹角；另一只脚屈膝顶髋向斜上收腿至大腿与地面平行，呈弓步状态，放下大腿后呈准备姿势。训练时也可用固定一端的橡皮筋来加大阻力（图 3-14）。

（2）训练要求：身体保持平衡，不得弓背、低头，支撑腿不得弯曲。

图 3-14　扶墙弓步抬腿

2.原地高抬腿

（1）动作要领：两脚原地站立，保持上身挺直；两腿快速交替抬高，两臂前后自然摆动（图 3-15）。

（2）训练要求：大腿抬高至水平状态，保持上身挺直，高频率抬腿。

图 3-15　原地高抬腿

二、上肢力量训练

上肢力量训练是指为提高人体肩关节以上区域肌肉力量素质而进行的活动。根据任务特点，消防救援人员的上肢力量训练主要针对手掌肌群、小臂肌群、肱二头肌、肱三头肌、三角肌、斜方肌、胸大肌、背阔肌展开。

（一）手掌肌群训练

1. 握力器

（1）动作要领：手握握力器使其产生最大形变，可单手、双手、上握、下握、双夹等分别进行（图3-16）。

（2）训练要求：握紧保持5 s时间。

图3-16　握力器

2. 单杠悬垂

（1）动作要领：双手正握单杠，握距与肩同宽，手臂伸直使身体悬吊于杠，两脚自然伸直且并拢（图3-17）。

（2）训练要求：正握单杠，上体挺胸收腹，头部向后压，两腿夹紧，协调用力。

图3-17　单杠悬垂

3. 爬绳

（1）动作要领：双手抓紧绳索于头上方，身体自然悬垂；收腹屈腿夹绳再向上蹬直，借助向上惯性，屈臂抓握更高处绳索；或双手握绳，两腿悬空，双手交替向上换握用力，使身体不断上升。下降时，双手交替向下换握，两腿夹绳匀速下滑至地面（图3-18）。

（2）训练要求：爬升和脚蹬绳索要协调用力，下降时不得快速下滑，辅助人员应做好保护措施。

图 3-18　爬绳

（二）小臂肌群训练

1. 正握卷重

（1）动作要领：身体呈站立姿势，两脚分开与肩同宽，双肘关节微屈，双臂前平举约与肩高，手心向下握手柄两侧，两手交替屈腕，顺时针（或逆时针）转动直柄，将绳子慢慢卷起至重物靠近直柄；下放时，双手腕交替直柄倒转将重物下放至底（图3-19）。

（2）训练要求：上体保持正直，保持双臂平伸，卷握手柄收放绳索时要缓慢。

图 3-19　正握卷重

2. 杠铃背后腕弯举

（1）动作要领：身体呈站立姿势，两脚分开与肩同宽，微屈膝髋；双手身后掌心向后直臂握持杠铃，快速微屈手腕，再缓慢展开手腕，上下来回滚举杠铃（图3-20）。

（2）训练要求：挺胸收腹，调整身体重心，有控制地还原动作。

图 3-20　杠铃背后腕弯举

（三）肱二头肌训练

1. 哑铃集中弯举

（1）动作要领：坐于健身椅上，双脚着地，双腿外分约90°，身体微向前倾；单手握哑铃下垂伸直，手心朝斜前方，肘关节贴于同侧大腿内侧；弯举哑铃至肩部位置，再缓慢伸直手臂；另一手支撑同侧大腿。双手交替重复练习（图3-21）。

（2）训练要求：练习的手臂要放置低点，双肩跟胸形成斜线指向练习侧，弯举手臂下放伸直，身体保持稳定。

图 3-21　哑铃集中弯举

2. 靠墙哑铃弯举

（1）动作要领：身体呈站立姿势，两脚并拢微屈站立，后背靠墙，双手持哑铃垂于体侧；交替举起哑铃，再缓慢还原（图 3-22）。

（2）训练要求：肘部在腰部保持稳定，举至最高点稍做停留，背部尽量紧贴墙壁。

图 3-22　靠墙哑铃弯举

3. 站姿靠墙杠铃弯举

（1）动作要领：身体呈站立姿势，两脚分开与肩同宽；双手反握杠铃与肩同宽，两上臂贴紧身体两侧；缓慢屈肘，使杠铃抬至肩部稍做停顿，再缓慢还原（图 3-23）。

（2）训练要求：身体保持正直，肘关节紧贴身体自然弯曲，控制重心，不得弯腰。

图 3-23　站姿靠墙杠铃弯举

4. 反握引体向上

（1）动作要领：双手反握单杠略窄于肩，身体自然悬垂于单杠下，手臂伸直，双脚在身后交叉；缓慢屈肘，将身体向上拉起至下颚高于单端；稍做停顿，再缓慢还原（图3-24）。

（2）训练要求：双手反握单杠，双脚交叉屈膝，身体不得打浪借力。

图 3-24　反握引体向上

（四）肱三头肌训练

1. 双臂颈后哑铃臂屈伸

（1）动作要领：坐于健身椅上，双脚着地，双腿外分约90°，身体稍向前倾，双手握哑铃一端，双手屈肘将哑铃置于脑后，掌心向上；利用肱三头肌力推举哑铃至头顶，手臂向上伸直，再缓慢放下呈准备姿势（图3-25）。

图 3-25　双臂颈后哑铃臂屈伸

（2）训练要求：身体保持正直，屈伸托举哑铃时大臂固定不动，该动作可由杠铃片代替哑铃作为负重。

2. 哑铃身后臂屈伸

（1）动作要领：单腿站立支撑，同侧手腿屈膝跪撑于健身椅上，身体前屈，身体尽量与椅面保持平行；单手握哑铃，大臂固定紧贴躯干，小臂下放垂直椅面，利用肱三头肌力向后伸展哑铃至手臂伸直；稍做停顿，再缓慢还原（图3-26）。

（2）训练要求：身体尽量与椅面平行，伸展时大臂保持不动，小臂下放与地面垂直。

图 3-26　哑铃身后臂屈伸

3. 仰卧杠铃窄距臂屈伸

（1）动作要领：平躺于健身椅上，双手正握杠铃支撑，手臂向上伸直，双手握杠距离与脸同宽；下放屈肘，双手落于胸部，利用肱三头肌力屈伸手臂呈准备姿势（图3-27）。

（2）训练要求：练习时做好保护帮助，推举时控制好杠铃重心。

图 3-27　仰卧杠铃窄距臂屈伸

4. 双杠臂屈伸

（1）动作要领：双手垂直撑于双杠，双脚交叉屈膝，身体保持自然下垂；屈臂下放时，肘部应高于肩膀，利用肱三头肌力将身体撑起呈准备姿势（图 3-28）。

（2）训练要求：上体保持正直，下放时肘部高于肩部，大臂与小臂夹角小于 90°；撑起时手臂撑直，身体不得摆动借力。

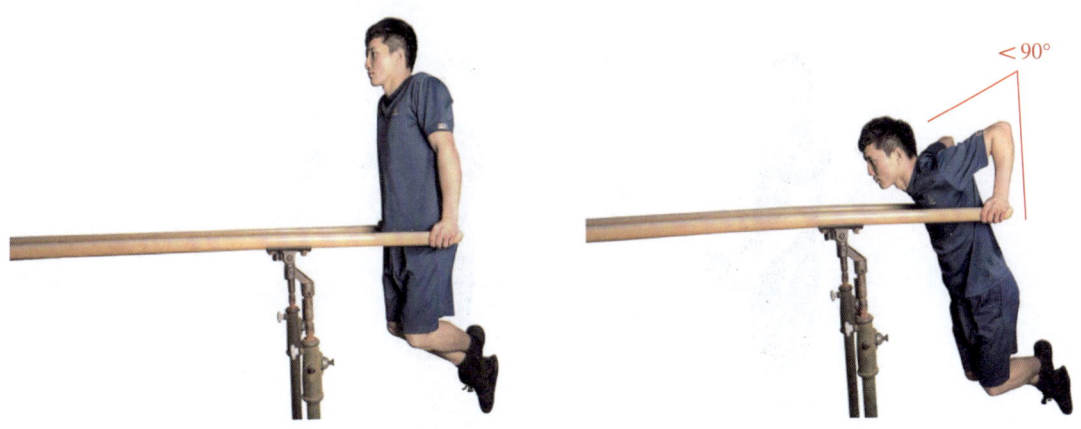

图 3-28　双杠臂屈伸

5. 双杠支撑移动

（1）动作要领：双手撑于双杠，身体保持自然下垂，手肘伸直，利用双手依次交替向前（后）移动身体，完成规定距离（图 3-29）。

（2）训练要求：双脚不得触碰双杠任何部位，身体任何部位不得接触地面，双手依次交替前后移动，双手始终垂直撑杠。

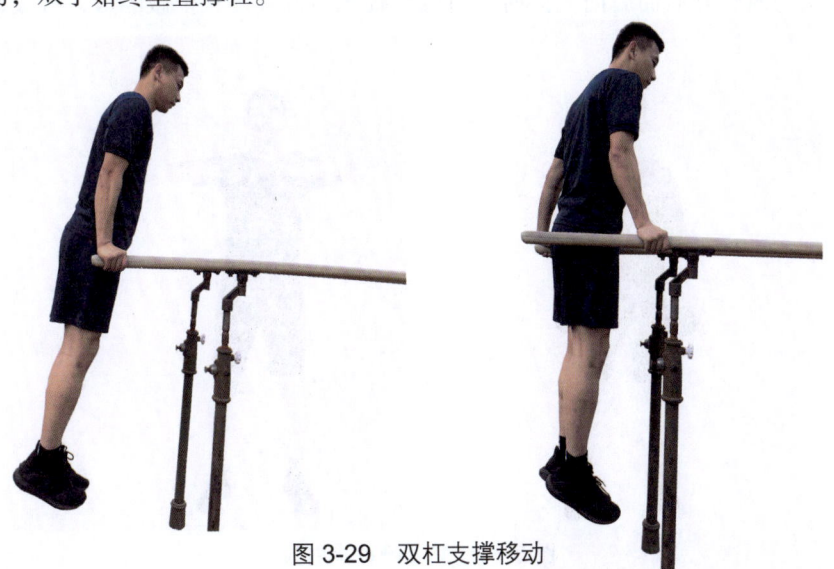

图 3-29　双杠支撑移动

(五)三角肌训练

1. 站姿杠铃片前平举

(1) 动作要领：身体呈站立姿势，两脚分开与肩同宽，双手握杠铃片自然伸直下垂于身体前侧，利用手臂三角肌力前平举至与肩同高；稍做停顿，再缓慢还原（图3-30）。

(2) 训练要求：身体保持正直，前平举时手臂伸直，前平举杠铃片不得高于肩部，该动作可由哑铃代替杠铃片作为负重。

图3-30　站姿杠铃片前平举

2. 站姿哑铃提肘拉

(1) 动作要领：身体呈站立姿势，两脚分开与肩同宽，双手握哑铃于身体前侧，两臂伸直下垂；用力时先耸肩而后向上提肘，将哑铃提至胸部高度；稍做停留，再缓慢还原（图3-31）。

图3-31　站姿哑铃提肘拉

(2)训练要求：先耸肩后提肘，两肘向前上高抬至最高点，两手控制哑铃运动方向，使之沿胸部向上。

3. 站姿哑铃侧平举

(1)动作要领：身体呈站立姿势，两脚分开与肩同宽，双手握哑铃自然伸直下垂于身体两侧，利用手臂三角肌力侧平举至与肩同高；稍做停留，再缓慢还原（图3-32）。

(2)训练要求：身体保持正直，侧平举时手臂伸直侧举，侧平举哑铃不得高于肩部。

图3-32　站姿哑铃侧平举

4. 站姿颈前杠铃挺举

(1)动作要领：身体呈站立姿势，两脚分开与肩同宽，双手屈臂正握杠铃于颈前，握距稍宽于肩，向上推举杠铃至手臂伸直；稍做停留，再缓慢还原（图3-33）。

(2)训练要求：身体保持正直，不得前后晃动，手臂向上推举杠铃伸直于头顶正上方。

图3-33　站姿颈前杠铃挺举

5. 站姿靠墙哑铃扩胸

（1）动作要领：身体靠墙呈站立姿势，两脚分开与肩同宽，双手握哑铃，直臂前平举于胸前，掌心相对，以肩关节为轴利用三角肌、胸大肌力平行外展扩胸至身体两侧，呈侧平举姿势后逆向恢复准备姿势（图3-34）。

（2）训练要求：扩展时肘关节不得弯曲，扩胸至哑铃触墙，腰背挺直，身体靠墙，不得前后晃动借力。

图3-34　站姿靠墙哑铃扩胸

（六）斜方肌训练

1. 坐姿哑铃斜上举

（1）动作要领：斜坐于健身椅上，双脚着地，两腿外分约90°，双手持哑铃屈肘置于肩部上方位置；双臂同时向上推举哑铃举到头顶，手臂保持伸直平行（图3-35）。

（2）训练要求：背部保持挺直，保持肩膀发力，伸直手臂时身体不要离开靠背。

图3-35　坐姿哑铃斜上举

2. 站姿杠铃耸肩

（1）动作要领：身体呈站立姿势，两脚分开与肩同宽，双手正握杠铃自然下垂于体前，握距稍宽于肩；运用斜方肌力向上提拉肩部至最高点；稍做停顿，再缓慢还原（图3-36）。

（2）训练要求：身体保持直立，控制好身体重心，向上提拉肩部时不要耸肩。

图3-36　站姿杠铃耸肩

3. 双杠悬垂耸肩

（1）动作要领：双手撑于双杠上，身体保持自然下垂，手肘伸直；让身体沉入肩膀下方，手臂位置不变，肩膀向下用力，抬起上身呈准备姿势，停顿5 s，重复动作（图3-37）。

（2）训练要求：上体保持正直，双手完全伸直；下放时肩部尽量高于下颚；向上撑起时身体尽最大能力向上舒展挺直，双手始终垂直撑杠。

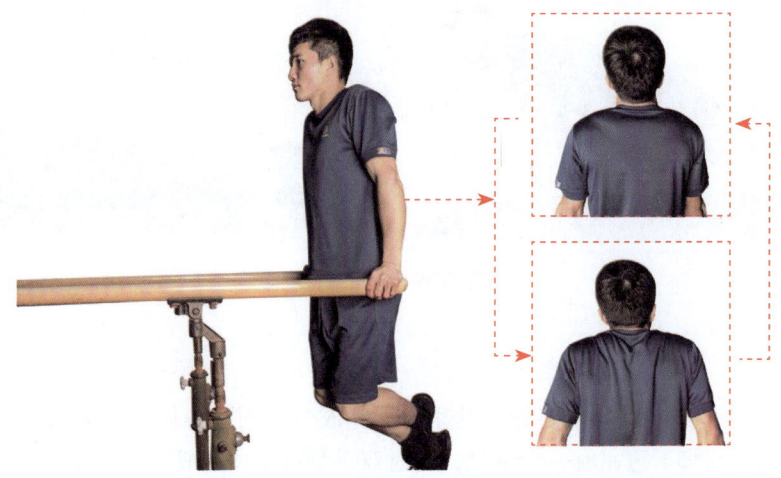

图3-37　双杠悬垂耸肩

（七）胸大肌训练

1. 跪姿俯卧撑

（1）动作要领：身体呈俯卧姿势，两臂伸直，双手撑地，两脚并拢，双膝跪地，肩部、臀部与膝关节呈直线，以膝关节为轴心，屈肘下放身体至肩关节低于肘关节后，将身体撑起呈准备姿势（图3-38）。

（2）训练要求：身体应始终保持挺直状态，头部不得上下晃动。

图3-38　跪姿俯卧撑

2. 俯卧撑

（1）动作要领：身体呈俯卧姿势，两臂伸直，双手撑地，身体向后挺直，两脚并拢，脚前掌着地，肩部、臀部与脚后跟呈直线，以肘关节为轴心，屈肘下放身体至肩关节低于肘关节后，将身体撑起呈准备姿势（图3-39）。

（2）训练要求：身体始终保持挺直状态，头部不得上下晃动，俯卧撑双手撑地分窄距、中距、宽距姿势，胸大肌练习主要以宽距为主，肱三头肌练习主要以窄距为主。

图3-39　俯卧撑

3. 立卧撑

（1）动作要领：身体呈站立姿势，迅速俯身完成一次俯卧撑后，身体以腹部为轴双脚同时向心收缩，利用双脚下蹬完成一次纵跳，同时双手举过头顶完成一次击掌落地，呈准备姿势（图3-40）。

（2）训练要求：按照俯卧撑要求完成动作，双脚必须同起同落，向上纵跳时双脚离地，尽量向上跳起。

图 3-40　立卧撑

4. 哑铃卧推

（1）动作要领：仰卧于健身椅上，双手正握哑铃撑起，躯干保持呈直线；屈肘时，双手落于胸部两侧，大臂与肩在同一平面，利用胸大肌力把哑铃推至胸部正上方呈准备姿势（图3-41）。

（2）训练要求：腰背保持挺直，下放至大臂与肩平齐，训练胸大肌上、中、下束不同部位时，仰卧姿势可采用斜卧、平卧等角度。

图 3-41　哑铃卧推

5.哑铃正向飞鸟

(1)动作要领:仰卧于健身椅上,双手握哑铃于身体两侧平举伸直,掌心向上,利用胸大肌力以肩关节为轴,直臂将哑铃夹胸举合于胸部上方(图3-42)。

(2)训练要求:夹胸举合时,肘关节不得弯曲,腰背部紧贴于凳面,不得起伏借力。

图3-42 哑铃正向飞鸟

6.站姿杠铃胸前平推

(1)动作要领:身体呈站立姿势,两脚分开与肩同宽,双手屈臂握杠铃于颈前,握距稍宽于肩,向前快速推举杠铃至手臂伸直呈前平举后,快速收回呈准备姿势(图3-43)。

(2)训练要求:身体保持直立,不得前后晃动借力,推出与收回应快速连贯。

图3-43 站姿杠铃胸前平推

（八）背阔肌训练

1. 站姿俯身反向飞鸟

（1）动作要领：身体呈站立姿势，两脚分开与肩同宽，身体弯曲呈俯姿，上体与地面平行，双手握哑铃自然垂直向下；利用背阔肌力以肩关节为轴，直臂向身体两侧抬起呈侧平举，下放恢复呈准备姿势（图3-44）。

（2）训练要求：上体不得上下起伏借力，侧平举时肘关节不得弯曲。

图3-44　站姿俯身反向飞鸟

2. 俯身杠铃划船

（1）动作要领：身体呈站立姿势，两脚分开与肩同宽，膝盖微屈保持固定，双手正握杠铃提起下垂，保持背部挺直，头部向上抬起；利用背阔肌力提升杠铃，接触腹部后匀速下放呈准备姿势（图3-45）。

（2）训练要求：双腿微屈半蹲，腰背挺直保持固定，提拉杠铃保持匀速。

图3-45　俯身杠铃划船

3. 坐姿划船

(1) 动作要领：坐于垫上，上体正直，双手抓住把手，双脚屈膝前蹬，身体微向前倾；向后提拉时，利用背阔肌力拉伸把手于腹部后匀速恢复呈准备姿势（图3-46）。

(2) 训练要求：上体保持正直，控制背部挺直绷紧，注意力保持集中。

图3-46　坐姿划船

4. 坐姿颈前下拉

(1) 动作要领：两脚分开，臀部坐于健身椅上，背部挺直，双手正握手柄；运用背阔肌力下拉手柄至颈部，停留3 s后缓慢下放呈准备姿势（图3-47）。

(2) 训练要求：上体正直，下拉时臀部不要离椅，不要借力练习。

图3-47　坐姿颈前下拉

5.单杠卷身上

(1) 动作要领：双手正手握杠，握距与肩同宽或略宽于肩，身体自然下垂，双手将身体拉起，下颚过杠后向上举腿收腹，将膝盖（小腿部位）卷过单杠后，双臂自然伸直，下放身体，呈开始姿势（图3-48）。

(2) 训练要求：训练时不得借力成大回环式，上拉时下颚必须过杠，下杠时双臂必须伸直；举腿时头要后仰，重心向后下放转移。

图3-48 单杠卷身上

6.单杠屈臂悬垂

(1) 动作要领：双手反握单杠，握距与肩同宽，手臂以肘关节为轴向心收缩，下颚超过单杠，身体自然悬垂（图3-49）。

(2) 训练要求：反手握杠，下颚需始终超过单杠。

三、下肢力量训练

下肢力量训练是指为提高人体髋关节以下区域肌肉力量素质而进行的活动。根据任务特点，消防救援人员的下肢力量训练主要针对股四头肌、股二头肌、臀大肌和比目鱼肌、腓肠肌展开。

图 3-49　单杠屈臂悬垂

（一）股四头肌训练

1. 专门性跳跃

（1）动作要领：双脚站立，利用前脚掌进行立定跳远、多级跳远、蛙跳、跨步跳等专门性跳跃，形式可采用单项或组合训练（图 3-50）。

（2）训练要求：脚前掌用力，注意用力顺序及爆发用力。

图 3-50　专门性跳跃

2. 单腿深蹲起立

（1）动作要领：身体呈站立姿势，膝关节微屈，单脚站立，另一只脚抬起，脚尖朝上，双手前平举；下蹲时，大小腿折叠，脚前掌着地，大腿与地面保持平行，臀部接触脚后跟后，迅速利用股四头肌力起立呈准备姿势（图 3-51）。

（2）训练要求：保持身体稳定，抬起脚不得着地，平衡力较弱的可手扶墙，但不得借力练习。

图 3-51　单腿深蹲起立

3. 双腿深蹲起立

（1）动作要领：身体呈站立姿势，两脚分开与肩同宽，腰背挺直，双手可交叉抱于胸前；屈膝下蹲至臀部略高于膝关节呈半蹲姿态，身体保持与地面垂直状态，利用股四头肌力起立呈准备姿势。

（2）训练要求：双脚分开角度以关节舒适为标准，腰背挺直，不能塌腰，利用髋关节顶升向上用力；上体保持自然正直，起立时上体协同向上。

4. 杠铃半蹲

（1）动作要领：身体呈站立姿势，两脚分开与肩同宽，腰背挺直，双手正握杠铃放于颈后；下蹲时，脚全掌着地，屈膝下蹲至臀部略高于膝关节呈半蹲姿态，身体保持与地面垂直状态，利用股四头肌力起立呈准备姿势（图3-52）。

（2）训练要求：腰背挺直，不能塌腰，利用髋关节顶升向上用力。

图 3-52　杠铃半蹲

5. 杠铃深蹲

(1) 动作要领：身体呈站立姿势，两脚分开与肩同宽，腰背挺直，双手正握杠铃放于颈后；下蹲时，脚全掌着地，大小腿充分折叠蹲至最低点，身体保持与地面垂直状态，利用股四头肌、臀大肌力蹬升起立呈准备姿势（图3-53）。

(2) 训练要求：腰背挺直，不能塌腰，利用髋关节顶升向上用力。

图 3-53　杠铃深蹲

（二）股二头肌训练

俯卧哑铃弯举

(1) 动作要领：俯卧于健身椅上，双手抓住座椅把手，双脚并拢夹住哑铃，以膝关节为轴，利用股二头肌力，大小腿折叠弯举哑铃至膝关节呈90°后缓慢下放呈准备姿势（图3-54）。

(2) 训练要求：保持身体的稳定性，可俯卧地面进行，双手抓住辅助人员双脚，小腿放下时哑铃不得触地。哑铃可用专用橡皮筋替代，橡皮筋一端应固定，利用橡皮筋替代训练时可进行单腿练习。

图 3-54　俯卧哑铃弯举

（三）臀大肌训练

1. 原地深蹲纵跳

（1）动作要领：身体呈站立姿势，两脚分开与肩同宽，腰背挺直；下蹲时，脚全掌着地，大小腿充分折叠，臀部下蹲至最低点，双手由前向后进行摆臂，膝盖向外打开，背部挺直，原地向上垂直跳起（图3-55）。

（2）训练要求：身体正直，原地向上方垂直跳起，落地后屈膝缓冲。

图 3-55　原地深蹲纵跳

2. 站姿侧弓步

（1）动作要领：身体呈站立姿势，两脚分开3倍于肩宽，腰背挺直，双手抱拳于胸前；一只脚向一侧屈膝呈弓步，另一只脚自然伸直支撑，左右脚交替训练（图3-56）。

（2）训练要求：上体保持挺直，侧方移动匀速下蹲，后腿蹬直。

图 3-56　站姿侧弓步

3. 高脚杯深蹲

(1) 动作要领：身体呈站立姿势，两脚分开与肩同宽，腰背挺直，双手正握哑铃屈肘至于胸前；下蹲时，脚全掌着地，大小腿充分折叠，臀部下蹲至最低点，身体保持与地面垂直状态，利用股四头肌、臀大肌力起立呈准备姿势（图 3-57）。

(2) 训练要求：腰背挺直，不能塌腰，利用髋关节顶升向上用力。

图 3-57 高脚杯深蹲

（四）比目鱼肌、腓肠肌训练

1. 原地脚尖纵跳

(1) 动作要领：身体呈站立姿势，上体保持正直，两手夹紧身体两侧，脚后跟提起，膝关节和脚踝保持固定，用脚前掌协力完成连续原地纵跳（图 3-58）。

(2) 训练要求：上体绷紧，膝盖不能弯曲，脚后跟不能着地。

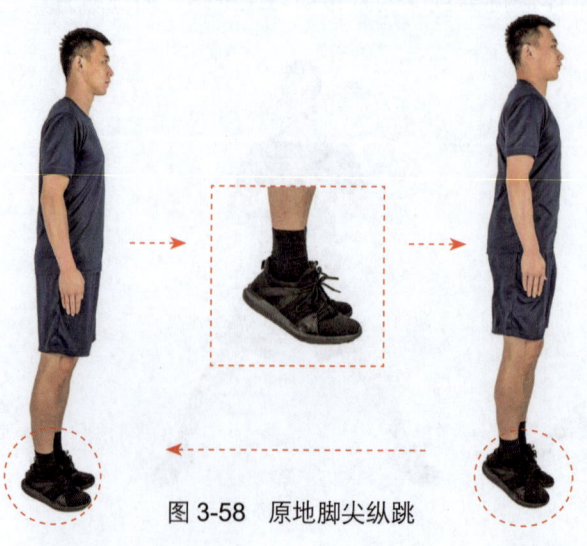

图 3-58 原地脚尖纵跳

2. 站姿杠铃提踵

(1) 动作要领：身体呈站立姿势，两脚前掌站于杠铃片上，脚后跟着地，腰背挺直；以脚前掌为轴利用小腿后侧肌群力，向上提踵至最大高度，保持1～2 s后恢复呈准备姿势（图3-59）。

(2) 训练要求：上体保持直立姿势，蹬伸踝关节时两腿挺直。

图3-59　站姿杠铃提踵

3. 坐姿哑铃提踵

(1) 动作要领：坐于健身椅上，脚全掌着地，大腿与小腿成90°，双手握哑铃垂直置于膝关节上方；以脚前掌为轴，利用小腿后侧肌群力，向上提踵至最大高度，保持1～2 s后恢复呈准备姿势（图3-60）。

图3-60　坐姿哑铃提踵

（2）训练要求：上体保持直立姿势，蹬伸踝关节时小腿伸直。

第三节　速度训练

速度训练是指发展人体快速动作能力而进行的活动。速度训练的强度、距离、组数和间隔时间见表3-3。

表 3-3　速度训练的强度、距离、组数和间隔时间

项目	强度 /%	距离 / 楼	组数	间隔时间 /min
等距	80	10	6~8	3
半距	85	5~7	6~8	3
超距	75	15~20	6~8	3
速耐	80	10	6~8	1.5

注：以负重登十楼为例的速度训练参考。

一、徒手速度训练

1. 高抬腿跑

（1）动作要领：身体保持直立，两脚分开与肩同宽，双手在身体两侧弯曲；将右膝快速抬起至腰部高度，左臂向前摆动，右臂向后摆动；在右脚落下的同时，将左膝快速抬起至腰部高度，右臂向前摆动，左臂向后摆动，双腿快速交替重复动作（图 3-61）。

（2）训练要求：保持身体的平衡，要用力收腹，腿要抬高。

图 3-61　高抬腿跑

2. 后蹬跑

（1）动作要领：上体正直稍向前倾，后腿蹬地伸直，前腿积极向斜上方摆动至水平部位呈弓步姿势，带动同侧髋充分蹬伸，大腿积极下压，后拉小腿，脚前掌着地缓冲，迅速转入后蹬（图3-62）。

（2）训练要求：后蹬时，前腿屈膝前顶、送髋，落地时小腿积极后拉，有明显的腾空时间。

图3-62　后蹬跑

3. 加速跑

可组合运用小步跑接加速跑、高抬腿接加速跑等形式，通过加强短距步频训练提高速度素质。单纯加速跑距离通常在80 m左右，组合加速跑距离通常在30～50 m。

二、负荷速度训练

1. 上坡跑

在平地上先进行20 m冲刺跑，接着进行10～50 m倾角在10°～30°的上坡加速跑，再进行15 m平地冲刺跑。跑动时身体前倾大，重心适当前移，步幅要小，步频要快，前脚掌着地，练习速度不低于最大跑速的90%。

2. 牵引跑

把弹力带的一端系到参训者的腰部，另一端可系到同伴身上或固定物上，加快摆臂速度，快速跑动。上体正直，略向前倾，掌握平衡地高速练习，逐步增加牵引距离和重复次数。

3. 拖行重物跑

在平地上通过拖行水带、轮胎或其他重物进行直线短距离的快速跑。注意保持身体平衡，跑动过程中身体适当前倾。

第四节　灵敏训练

灵敏训练是指发展人体在突然变换的条件下，快速、协调、敏捷、准确地完成动作的能力而进行的活动，包括基础灵敏训练和组合灵敏训练。

一、基础灵敏训练

1. 等距折返跑（5×10 m 折返）

在长 10 m 的场地上设置起点（终点），摆放标志盘一个，距起点（终点）10 m 处设置折返点，折返点上摆放标志盘一个。从起点出发，触摸到折返点标志盘，立即转身冲刺回到起点触摸标志盘；触摸起点标志盘后，再次跑至折返点触摸标志盘，以此类推。做完 5 次折返，冲出终点。

2. 变距折返跑

如图 3-63 所示，等距摆放 5 个标志盘，每个标志盘相距 5 m；从起点出发，触摸到一个标志盘，立刻转身冲刺回到原点触摸标志盘；触摸起点标志盘后，随即再冲刺向第二个标志盘，以此类推，直至做完 5 次折返。

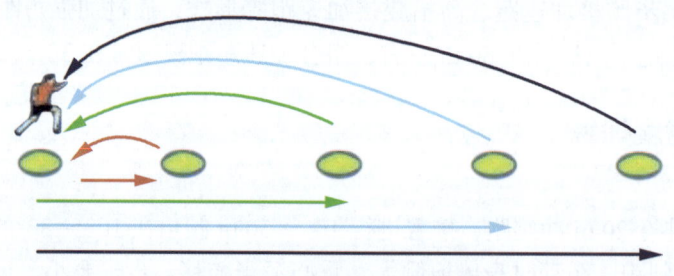

图 3-63　变距折返跑示意图

3. 小栏架

用不同高度的小栏架，采用跨、跳、绕的方法有效提高运动员的灵敏性、协调性。结合超长、等长练习，还可以提高参训者的爆发力。在练习过程中，一定要注意身体的姿态保持。

4. 敏捷梯

敏捷梯训练是将软梯平放在地上，参训者在软梯方格内或梯外，多角度做各种复杂的动作。软梯可以用绳子、布条及地上画线替代。训练方法包括直线方向训练、水平方向训练、直线与水平方向结合训练等。步伐可以用交叉步、垫步、跳步等方式进行（图 3-64）。

图 3-64　敏捷梯

5. 左右横跨步

2 m 间隔区域，两脚分立于中线两侧，微屈膝，开始后向左或向右跨步，使两脚分跨在端线两边，向一侧屈膝呈弓步，然后再回到中线，再以同样动作向另一端线跨步，向另一侧屈膝呈弓步，再回到中线原来位置（图 3-65）。

图 3-65　左右横跨步

6. 跳绳

双手握绳，两臂自然屈曲，将绳置于体后，两手腕、手臂协调一致用力，将绳向上、向前抡起，当绳抡至头以上位置时，两臂不停顿继续向下、向后抡绳，使绳绕身体周而复始地抡动。

二、组合灵敏训练

1. 方法一

交叉步→后退跑，后踢腿跑→圆圈跑，侧手翻→前滚翻，转体俯卧→膝触胸，变换跳转髋→交叉步跑，立卧撑→原地高抬腿跑等。

2. 方法二

交叉步侧跨步→滑步→障碍跑，旋风脚→侧手翻→前滚翻，弹腿→腾空飞脚→鱼跃前滚翻，滑跳→交叉步跑→转身滑步跑等。

组合灵敏训练如图3-66所示。

图 3-66　组合灵敏训练

第五节　柔韧训练

柔韧训练是指加强人体关节活动幅度，提升关节、韧带、肌肉弹性和伸展能力而进行的活动。

一、静力柔韧训练

（一）杠上静力柔韧训练

1. 压肩（窄握、宽握）

（1）动作要领：身体距杠约1 m距离，两脚左右分开至2倍肩宽，两腿挺直，上体与下肢约成90°，两臂伸直，肩关节放松，积极下压（图3-67）。

（2）拉伸部位：肩带肌群、三角肌前束、胸大肌及肱二头肌等。

（3）训练要求：下压时肘关节不得弯曲；上体下压幅度不宜过小，肩关节舒展充分。

图 3-67　压肩（窄握、宽握）

2. 正压腿（腰部运动接正压腿）

（1）动作要领：身体距杠一步距离，一脚置于杠上，拉伸腿伸直，跟腱部搁于体操杠杠面，脚尖向上，支撑脚脚尖朝正前方，两腿膝关节挺直，上体向拉伸腿方向积极前压（图3-68）。

（2）拉伸部位：腰腹部肌群，如背阔肌、竖脊肌、腹肌；大腿后侧肌群，如股二头肌、半腱肌、半膜肌；小腿三头肌，如腓肠肌、比目鱼肌等。

（3）训练要求：支撑脚脚尖偏向正上；两腿膝关节不得弯曲。

图 3-68　正压腿（腰部运动接正压腿）

3. 侧压腿（侧压腿接单腿立位体前屈）

（1）动作要领：身体距杠一步距离，侧向站立，支撑脚脚尖朝向与杠平行，侧压时内侧手臂放松置于侧压腿内侧，两腿膝关节挺直（图3-69）。

（2）拉伸部位：肩关节三角肌中后侧；腰背部肌群，如斜方肌、背阔肌、竖脊肌；大腿内侧肌群，如耻骨肌、长收肌、短收肌、大收肌、骨膜肌；小腿三头肌，如腓肠肌、比目鱼肌等。

（3）训练要求：两腿膝关节不得弯曲，侧压时缓慢用力。

图 3-69　侧压腿（侧压腿接单腿立位体前屈）

4. 压胯

(1) 动作要领：身体距杠一步距离，一脚置于杠上，两腿分开至最大幅度，膝关节挺直，胯部积极贴杠（图3-70）。

(2) 拉伸部位：大腿内侧肌群，如耻骨肌、长收肌、短收肌、大收肌、骨膜肌；小腿内侧肌。

(3) 训练要求：两腿充分打开，胯部积极贴杠。

图3-70 压胯

5. 杠上弓步压腿（突出顶胯动作）

(1) 动作要领：身体距杠一步距离，前脚脚掌踩在杠上，脚尖朝前，前腿呈弓步，支撑脚（后脚）脚尖朝正前方，支撑腿膝关节挺直，胯部发力积极上顶（图3-71）。

(2) 拉伸部位：盆带肌群，如髂腰肌、臀大肌、臀中肌；大腿前侧肌群，如股四头肌、缝匠肌、股二头肌等。

(3) 训练要求：支撑腿膝关节不得弯曲，胯部充分下压。

图3-71 杠上弓步压腿（突出顶胯动作）

6.平地弓步压腿

(1)动作要领：前脚脚尖朝前稍内扣，前腿呈弓步，后脚脚尖朝前，膝关节挺直，上身保持正直，胯部积极下压（图3-72）。

(2)拉伸部位：盆带肌群，如髂腰肌、臀大肌、臀中肌；大腿前侧肌群，如股四头肌、缝匠肌、股二头肌等。

(3)训练要求：两脚充分拉开，后腿膝关节不得弯曲，上身保持正直。

图3-72　平地弓步压腿

7.大腿前侧压腿

(1)动作要领：背向站立，距杠一步距离，小腿折叠膝关节内扣，脚面扣于杠上，上身积极后压（图3-73）。

(2)拉伸部位：小腿踝关节前侧；大腿前侧肌群，如股四头肌、缝匠肌、股二头肌等。

(3)训练要求：拉伸腿膝关节不得外展，上身充分后压。

图3-73　大腿前侧压腿

8.手腕、脚踝活动

(1)动作要领：单脚脚尖着地，以顺时针或逆时针旋转，双手交叉相扣，加大关节的活动幅度（图3-74）。

(2)拉伸部位：手腕关节、脚踝关节。

(3)训练要求：关节充分活动放松。

图3-74　手腕、脚踝活动

（二）健身棒静力柔韧训练

1.双手压肩

(1)动作要领：身体距健身棒约1 m距离，两脚左右分开1~2倍肩宽，两腿挺直，双手上下紧贴握棒，两臂伸直，上身积极下压（图3-75）。

(2)拉伸部位：肩带肌群，特别是三角肌前侧、后侧；胸大肌及肱二头肌等；腹部腹外斜肌。

(3)训练要求：身体保持水平，下压时肘关节不得弯曲，上身下压使肩关节充分打开。

图3-75　双手压肩

2.肩关节前后翻

(1)动作要领：两脚分开与肩同宽，双手握棒距离适中，翻动过程中两臂伸直（图

3-76)。

(2) 拉伸部位：肩关节三角肌、胸大肌、腹部肌群、腹直肌、背阔肌等。

(3) 训练要求：双手握棒距离适当。

图 3-76　肩关节前后翻

3. 单手侧向压肩

(1) 动作要领：侧向站立，脚尖朝前，两脚分开与肩同宽，身体距健身棒约一臂距离，一侧手伸直握棒，另一侧手伸直向握棒手方向下压，压肩过程中双脚不得离地（图3-77）。

(2) 拉伸部位：上臂肱三头肌、肩关节三角肌；腹部肌群，如腹直肌、腹外斜肌。

(3) 训练要求：身体保持水平，下压时肘关节不得弯曲，双脚保持稳定。

图 3-77　单手侧向压肩

4. 后背侧压

(1) 动作要领：两脚分开与肩同宽，将棒背于脑后，动作中两臂伸直握棒，侧压时棒首需触地（图 3-78）。

(2) 拉伸部位：腰腹、腰背部肌群，如腹直肌、腹外斜肌、斜方肌、背阔肌、背长肌等。

(3) 训练要求：身体保持稳定。

图 3-78　后背侧压

5. "8" 字绕肩

(1) 动作要领：两脚分开与肩同宽，双手握棒距离接近自身臂展，绕动过程中两臂伸直（图 3-79）。

(2) 拉伸部位：肩关节三角肌；腰背部肌群；腰腹部肌群。

(3) 训练要求：绕动过程中双臂肘关节不得弯曲。

图 3-79　"8" 字绕肩

6. 转腰

(1) 动作要领：两脚分开至 1～2 倍肩宽，双手握棒，与肩同宽，转动过程中双腿、双臂伸直，握棒（图 3-80）。

(2) 拉伸部位：腰腹部肌群。

(3) 训练要求：转动过程中动作幅度不得太小。

图 3-80　转腰

（三）垫上静力柔韧训练

1. 坐位体前屈（双腿并拢，可加杠辅助）

(1) 动作要领：两腿并拢伸直，上身积极下压（图 3-81）。

(2) 拉伸部位：肩带肌群，特别是三角肌后侧、肱二头肌；背部肌群，如斜方肌、背阔肌、背长肌等；大腿后侧肌群，如股二头肌、半腱肌、半膜肌；小腿三头肌，如腓肠肌、比目鱼肌等。

(3) 训练要求：两腿并拢，膝关节不得弯曲。

图 3-81　坐位体前屈（双腿并拢，可加杠辅助）

2. 压胯（分腿体前屈）

（1）动作要领：两腿充分打开伸直，上身积极下压（图3-82）。

（2）拉伸部位：背部肌群，如斜方肌、背阔肌、背长肌等；大腿内侧肌群，如耻骨肌、长收肌、短收肌、大收肌、骨膜肌；小腿内侧肌。

（3）训练要求：两腿充分打开，两腿膝关节不得弯曲，上身下压幅度不得太小。

图3-82 压胯（分腿体前屈）

3."八"字体前屈

（1）动作要领：两腿弯曲，脚底相对，两脚后跟尽力内收贴近胯部，膝关节、上身积极前压（图3-83）。

（2）拉伸部位：大腿内侧肌群，如耻骨肌、长收肌、短收肌、大收肌、股薄肌等。

（3）训练要求：两脚后跟内收到位。

图3-83 "八"字体前屈

4. 分腿侧压腿

(1) 动作要领：两腿充分打开伸直，上体积极侧压（图 3-84）。

(2) 拉伸部位：背部肌群，如斜方肌、背阔肌、背长肌等；大腿内侧肌群，如耻骨肌、长收肌、短收肌、大收肌、骨膜肌；大腿后侧肌群，如股二头肌、半腱肌、半膜肌。

(3) 训练要求：两腿充分打开，两腿膝关节不得弯曲。

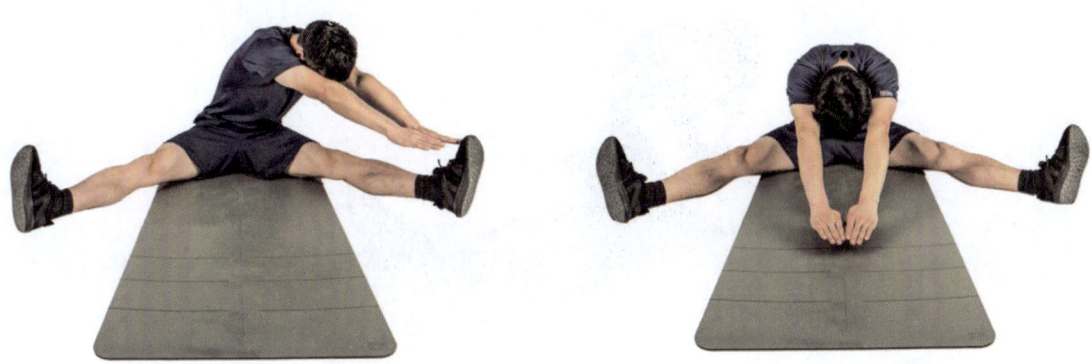

图 3-84　分腿侧压腿

5. 跨栏步正压腿（腰部运动接正压腿）

(1) 动作要领：攻栏腿伸直，脚尖朝上，跨栏腿充分折叠，脚后跟贴紧臀部，胯部充分打开，上身积极下压（图 3-85）。

(2) 拉伸部位：腰腹、腰背部肌群；大腿后侧肌群，如股二头肌、半腱肌、半膜肌；小腿三头肌，如腓肠肌、比目鱼肌。

(3) 训练要求：攻栏腿伸直绷直，脚尖向上不得外翻，膝关节不得弯曲。

图 3-85　跨栏步正压腿（腰部运动接正压腿）

6. 跨栏步侧压腿

(1) 动作要领：攻栏腿伸直，脚尖朝上，跨栏腿充分折叠，脚后跟贴紧臀部，胯部充分打开，上身积极侧压（图3-86）。

(2) 拉伸部位：大腿内侧肌群，如耻骨肌、长收肌、短收肌、大收肌、骨膜肌。

(3) 训练要求：跨栏腿折叠要紧，脚后跟紧贴臀部，胯部充分打开。

图 3-86　跨栏步侧压腿

7. 跪姿压腿

(1) 动作要领：两膝并拢跪地，膝关节、小腿前侧、脚面部位着地，上身后倒，挺腹挺胸，双手扶地（图3-87）。

(2) 拉伸部位：踝关节前部；小腿、大腿前侧肌群；腹部、胸部肌群。

(3) 训练要求：两膝并拢，充分后倒。

图 3-87　跪姿压腿

二、动力柔韧训练

1. 正踢腿

(1) 动作要领：支撑脚脚尖朝前，动作过程中两腿挺直，上身前压，保持好身体重心

（图 3-88）。

(2) 拉伸部位：腰背部肌群；臀部；大腿后侧肌群；小腿后侧肌群。

(3) 训练要求：踢腿时膝关节不得弯曲。

图 3-88　正踢腿

2. 侧踢腿

(1) 动作要领：踢腿时侧身 90°，支撑脚侧向站立，脚尖朝侧方，动作过程中两腿挺直，上身侧压，前侧手臂放松置于上踢腿内侧（图 3-89）。

(2) 拉伸部位：大腿内侧肌群；小腿内侧肌群。

(3) 训练要求：充分侧身，踢腿充分。

图 3-89　侧踢腿

3. 外踢腿

(1) 动作要领：支撑脚脚尖朝前，摆动腿踢腿路线由内向上再向外绕弧线，动作过程中两腿挺直（图3-90）。

(2) 拉伸部位：大腿内侧、后侧肌群；小腿后侧肌群。

(3) 训练要求：踢腿充分。

图3-90　外踢腿

4. 内踢腿

(1) 动作要领：支撑脚脚尖朝前，摆动腿踢腿路线由外向上再向内绕弧线，动作过程中两腿挺直（图3-91）。

(2) 拉伸部位：大腿内侧、后侧肌群；小腿后侧肌群。

(3) 训练要求：踢腿充分。

图3-91　内踢腿

5. 后踢腿

(1) 动作要领：小腿积极折叠后踢，脚后跟摆至臀部，小步幅、高频率地积极摆动（图 3-92）。

(2) 拉伸部位：大腿前侧肌群。

(3) 训练要求：小腿折叠到位，后摆充分，步幅不宜过大。

图 3-92　后踢腿

6. 交叉步跑

(1) 动作要领：侧身两腿前后协调动作，前交叉时大腿高抬积极前跨，加大动作幅度，保持好身体平衡（图 3-93）。

(2) 拉伸部位：腰背部肌群；盆带肌群，如髂腰肌等。

(3) 训练要求：舒展充分。

图 3-93　交叉步跑

7. 弓步走

（1）动作要领：前脚脚尖朝前稍内扣，前腿呈弓步，后脚脚尖朝前，后腿膝关节挺直，上体保持正直，胯部发力积极下压（图 3-94）。

（2）拉伸部位：盆带肌群，如髂腰肌、臀大肌、臀中肌；大腿前侧肌群，如股四头肌、缝匠肌、股二头肌等。

（3）训练要求：步幅适当，弓步充分拉开，后腿膝关节不得弯曲，上身保持正直。

图 3-94　弓步走

第四章
应用训练

应用训练是要求消防员佩戴个人防护及灭火救援装备进行一些常见的消防课目训练，锻炼和评价消防员从事灭火和应急救援工作的综合体能素质。

一、5 000 m 负重

1. 场地设置
400 m 标准田径场地。

2. 操作程序
参训人员在起点线处立正站好，听到"预备"口令后，做好起跑准备，听到"开始"口令后，向前跑出，冲出终点线。

3. 操作要求
（1）参训人员着体能训练服、运动鞋。
（2）参训人员可采用穿戴负重训练背心等形式开展，负重总重量不超过 10 kg。
（3）训练过程中应加强对腰椎和肩胛的保护，训练背心应收紧，腰部和肩部要做好防磨处理。

4. 成绩评定
计时从发令"开始"至身体有效部位越过终点线为止。

5. 评判细则
有下列情况之一的，不计取成绩：
（1）跑步过程中越过跑道最内侧实线。
（2）未按照要求或借助外力完成的。

6. 训练建议
1）加强速度与耐力素质
该项目训练通常以徒手有氧训练为基础，按照第二章的训练过程控制，每周安排两次长距有氧训练、一次负重有氧训练，间隔实施等距、半距速度训练。

2) 加强力量素质

以力量耐力训练为主，间隔实施速度力量和最大力量的核心力量、下肢力量训练。

二、400 m 救人疏散物资

1. 场地设置

在 400 m 环形跑道上标出起点线（终点线），距起点线 50 m、100 m、200 m、300 m 处分别标出器材线，在各器材线后 2 m 分别标出器材放置区。在 50 m 器材放置区放置假人一具（60 kg，带有四肢），在 100 m 器材放置区放置液化气瓶一个（规格 15 kg，空瓶），在 200 m 器材放置区放置泡沫桶两个（各 16 kg）。

2. 操作程序

参训人员在起点线处立正站好，听到"预备"口令后，做好起跑准备，听到"开始"口令后，参训人员跑至 50 m 处，携带假人跑至 100 m 处，放到器材放置区，携带液化气瓶跑至 200 m 处，放到器材放置区，双手各提泡沫桶跑至 300 m 处，放到器材放置区，再冲出终点线喊"好"。

3. 操作要求

(1) 参训人员着抢险救援服全套，护目镜放置在头盔上。

(2) 假人、液化气瓶、泡沫桶不得在地面拖拉。

(3) 搬运重物时，不得使用绳索或其他辅助工具，且不能落地。

4. 成绩评定

计时从发令"开始"至消防员冲出终点线喊"好"为止。

5. 评判细则

有下列情况之一的，不计取成绩：

(1) 擅自改动个人防护装备或不按要求着装。

(2) 冲出终点线后，个人防护装备佩戴不齐全。

(3) 搬运重物时，使用绳索或其他辅助工具。

(4) 未按规定跑道进行操作。

(5) 在地面拖拉假人、液化气瓶、泡沫桶超过 1 m。

有下列情况的，做加时处理：

(1) 操作过程中个人防护装备掉落并重新穿戴好，每件次加 10 s。

(2) 假人、液化气瓶、泡沫桶未放在器材放置区内，每次加 30 s。

(3) 液化气瓶、泡沫桶未立放，分别加 30 s。

(4) 搬运过程中，假人、液化气瓶、泡沫桶落地，每次加 20 s。

6. 训练建议

1) 加强速度与耐力素质

该项目训练通常以徒手 400 m 速度训练为基础，按照第二章的训练过程控制，每周安排半距、等距、超距、速耐速度训练各一次，间隔实施徒手长距有氧训练作为能力支撑。

2）加强力量素质

以速度力量训练为主，间隔实施力量耐力和最大力量的核心力量、下肢力量训练。

三、十楼负重

1. 场地设置

在距离十层训练塔前 15 m 处标出起点线，第十层最后一个台阶前 1 m 处标出终点线（楼层高度不低于 31 m），起点线处放置 65 mm 水带两盘（双卷立放）。

2. 操作程序

参训人员在起点线处做好准备，听到"开始"口令后，参训人员迅速携带水带沿楼梯攀登至十楼，冲出终点线喊"好"。

3. 操作要求

（1）参训人员穿戴灭火防护服、消防头盔、消防安全腰带、防护靴、消防手套，携带安全绳、腰斧、防爆照明灯、呼救器，背负空气呼吸器（不携带面罩）。

（2）空气呼吸器气瓶容积为 6.8 L，压力不得小于 25 MPa。

（3）灭火防护服裤腿及衣袖不得挽起，防护靴不得采取任何措施与灭火防护服裤子或腿部固定，防护靴上沿不得外翻。

（4）跑动时，个人防护装备及水带不得接触地面。

（5）听到"开始"口令前，不得触摸水带；每盘水带长度不小于 20 m（16 型），不得使用任何工具对水带进行捆绑固定，水带接口不可互相连接。

4. 成绩评定

计时从发令"开始"至消防员冲出终点线喊"好"为止。

5. 评判细则

有下列情况之一的，不计取成绩：

（1）擅自改动个人防护装备或不按要求着装。

（2）操作前水带未双卷立放于地面。

（3）冲出终点线后，个人防护装备佩戴不齐全，水带散开或掉落未重新整理，拖拉水带至终点线。

（4）完成全部操作后空气呼吸器压力低于 25 MPa。

6. 训练建议

1）加强速度与耐力素质

该项目训练通常以徒手 400 m 和徒手登十楼速度训练为基础，按照第二章的训练过程控制，每周安排半距、等距、超距、速耐速度训练各一次，间隔实施徒手长距有氧训练作为能力支撑。

2) 加强力量素质

以速度力量训练为主，间隔实施力量耐力和最大力量的核心力量、下肢力量、上肢力量（握力）训练。

四、搬运重物折返

1. 场地设置

在训练场上标出起点线和折返（终点）线，起点线距折返线 40 m，在起点线处放置 15 kg 壶铃两个。

2. 操作程序

参训人员在起点线处做好准备，听到"开始"口令后，参训人员双手各提一个壶铃，折返完成 200 m，冲出终点线喊"好"。

3. 操作要求

（1）参训人员穿戴抢险救援服、抢险救援头盔、抢险救援腰带、抢险救援靴。

（2）搬运过程中壶铃不得落地。

（3）折返时单脚踏入折返线方可返回。

4. 成绩评定

计时从发令"开始"至身体有效部位越过终点线为止。

5. 评判细则

有下列情况之一的，不计取成绩：

（1）擅自改动个人防护装备或不按要求着装。

（2）冲出终点线后，个人防护装备佩戴不齐全。

（3）壶铃在跑步过程中掉落，未重新拾取的。

有下列情况的，做加时处理：

（1）壶铃在跑步过程中掉落，每次加 30 s。

（2）折返时未踏上折返线就返回，每次加 30 s。

6. 训练建议

1) 加强速度与耐力素质

该项目训练通常以 200 m 速度训练为基础，按照第二章的训练过程控制，每周安排半距、等距、超距、速耐速度训练各一次，间隔实施徒手长距有氧训练作为能力支撑。

2) 加强力量与灵敏素质

以力量耐力训练为主，间隔实施速度力量和最大力量的核心力量、下肢力量、上肢力量（三角肌、小臂肌群、握力）训练，每周安排三次左右灵敏素质训练。

五、四楼攀爬绳索

1. 场地设置

将 30 mm 麻绳一端固定在训练塔的顶部,另一端垂于塔下,不进行固定。

2. 操作程序

参训人员在起点线处做好准备,听到"开始"口令后,参训人员两手握住绳索,手脚配合向上攀爬,到达训练塔四楼后,身体跨入四楼窗口,双脚落地后喊"好"。

3. 操作要求

(1) 参训人员穿戴抢险救援服、抢险救援头盔、消防安全腰带、抢险救援靴、抢险救援手套。

(2) 作业前,安全绳要固定牢固,并经过三人吊拉检查,确保安全。

(3) 设置安全保护绳和保护人员(不少于两人)。

(4) 不得借助外力进行攀爬(如蹬踏墙体、窗台等)。

4. 成绩评定

计时从发令"开始"至双脚落地喊"好"为止。

5. 评判细则

有下列情况之一的,不计取成绩:

(1) 擅自改动个人防护装备或不按要求着装。

(2) 喊"好"后,个人防护装备佩戴不齐全。

6. 训练建议

加强力量素质。以力量耐力训练为主,间隔实施速度力量和最大力量的核心力量、上肢力量(三角肌、大臂肌群、小臂肌群、握力)训练。

六、100 m 消防障碍

1. 场地设置

在长 100 m 的平地上,标出起点线和终点线。起点线上放置多功能水枪一支,在起点线前 23 m 处横放 2 m 板障一块,28 m 处设置器材线,器材线上从左至右放置两盘水带(双卷立放,水带口朝前),38 m 处设置独木桥一座(长 8 m,桥面宽 0.18 m,桥面距地面 1.2 m),标出独木桥限界线(主桥尾线),75 m 处设置分水器线,放置分水器一只,中间 65 mm 出水口朝向正前方,100 m 处设置水枪放置线。

2. 操作程序

参训人员在起点线处做好准备,听到"开始"口令后,将多功能水枪插于腰间(或背于肩上),徒手向前奔跑,翻越 2 m 板障,到 28 m 处携带两盘水带通过独木桥,至分水器线处,连接两盘水带,水带两端分别连接水枪和分水器,向前奔跑将水枪放置在水枪放置线后,喊"好"。

3. 操作要求

(1) 参训人员穿戴抢险救援服、抢险救援头盔、抢险救援腰带、抢险救援手套、抢险救援靴。

(2) 听到"开始"口令前,人员不得预先触碰多功能水枪。

(3) 人员翻越板障时,不得将直流水枪掷过板障。

(4) 人员翻越板障时,从起点线一侧掉落器材的,必须拾取器材重新翻越板障;从独木桥上跌至地面限界线内（35～43 m）的,必须重新从前踏板通过独木桥;水带散落的,必须重新整理好。

(5) 分水器、水带、水枪不得脱口。

4. 成绩评定

计时从发令"开始"至所有操作完毕,冲出终点线喊"好"为止。

5. 评判细则

有下列情况之一的,不计取成绩:

(1) 个人防护装备不齐全或擅自改动,不符合标准要求,不按规范着装。

(2) 分水器、水带与水枪接口脱口。

(3) 人员或器材从独木桥上跌至地面限界线内,未重新从踏板完整通过独木桥;水带散落未重新整理好。

(4) 未翻越板障。

(5) 翻越板障时,消防员未从板障上部越过,借助其他方式过板障。

(6) 越过终点线前,个人防护装备掉落未捡起。

(7) 水枪未完全越过水枪放置线。

(8) 未按操作规程操作。

有下列情况的,做加时处理:

(1) 操作过程中个人防护装备掉落并重新穿戴好,每件次加 10 s。

(2) 器材掉落,每次加 30 s。

(3) 从独木桥跌落,每次加 30 s。

6. 训练建议

1) 加强速度与耐力素质

该项目训练通常以 100 m 速度训练为基础,按照第二章的训练过程控制,每周安排徒手半距、等距、超距、速耐速度训练各一次,间隔实施徒手长距有氧训练作为能力支撑,每周安排三次专项训练作为技术支撑。

2) 加强力量与灵敏素质

以速度力量训练为主,间隔实施力量耐力和最大力量的核心力量、下肢力量、上肢力量（手指握力、三角肌、小臂肌群）训练,每周安排三次左右灵敏素质训练。

七、30 m 拖重

1. 场地设置

在训练场上标出起点线和终点线,起点线距终点线 30 m,在起点线处放置横向折叠连接的 65 mm 水带两盘(水带内充装沙子,每盘水带重 50 kg,也可用相同负重模拟器材替代)。

2. 操作程序

参训人员在起点线处做好准备,听到"开始"口令后,参训人员采用肩负式姿势,拖行水带向前行走,直至越过终点线喊"好"。

3. 操作要求

参训人员穿戴灭火防护服、消防头盔、消防安全腰带、防护靴、消防手套,携带安全绳、腰斧、防爆照明灯、呼救器。

4. 成绩评定

计时从发令"开始"至水带完全越过终点线为止。

5. 评判细则

有下列情况之一的,不计取成绩:

(1) 擅自改动个人防护装备或不按要求着装。

(2) 冲出终点线后,个人防护装备佩戴不齐全。

有下列情况的,做加时处理:

(1) 操作过程中个人防护装备掉落并重新穿戴好,每件次加 10 s。

(2) 操作过程中人员发生摔跤或跌倒,每次加 10 s。

6. 训练建议

1) 加强速度与耐力素质

该项目训练通常以徒手上十楼速度训练为基础,按照第二章的训练过程控制,每周安排等距、超距、速耐速度训练各一次,间隔实施徒手长距有氧训练作为能力支撑。

2) 加强力量素质

以速度力量训练为主,间隔实施力量耐力和最大力量的核心力量、下肢力量训练。

八、100 m 负重

1. 场地设置

在 100 m 跑道上分别标出起点线和终点线,在起点线前放置 65 mm 水带两盘。

2. 操作程序

听到"预备"口令后,参训人员在起点线处做好准备。听到"开始"口令后,参训人员双手提起水带向前跑,直至冲出终点线。

3. 操作要求

（1）参训人员穿戴灭火防护服、消防头盔、消防安全腰带、防护靴、消防手套，携带安全绳、腰斧、防爆照明灯、呼救器，背负空气呼吸器（不携带面罩）。

（2）空气呼吸器气瓶容积为 6.8 L，压力不得小于 25 MPa。

（3）作业前，手和脚不得越过起点线，不可触摸水带。

（4）灭火防护服裤腿及衣袖不得挽起，防护靴不得采取任何措施与灭火防护服裤子或腿部固定，防护靴上沿不得外翻。

（5）跑动时，个人防护装备及水带不得接触地面。

（6）每盘水带长度不小于 20 m（16 型），不得使用任何工具对水带进行捆绑固定，水带接口不可互相连接。

4. 成绩评定

计时从发令"开始"至身体有效部位越过终点线为止。

5. 评判细则

有下列情况之一的，不计取成绩：

（1）擅自改动个人防护装备或不按要求着装。

（2）操作前水带未双卷立放于地面。

（3）冲出终点线后，个人防护装备佩戴不齐全，水带散开或掉落未重新整理，拖拉水带至终点线。

（4）未按规定跑道进行操作。

6. 训练建议

1）加强速度与耐力素质

该项目训练通常以 200 m 速度训练为基础，按照第二章的训练过程控制，每周安排半距、等距、超距、速耐速度训练各一次，间隔实施徒手长距有氧训练作为能力支撑。

2）加强力量素质

以速度力量训练为主，间隔实施力量耐力和最大力量的核心力量、下肢力量、上肢力量（三角肌、小臂肌群、握力）训练。

九、60 m 肩梯

1. 场地设置

在 60 m 跑道上分别标出起点线和终点线，起点线处放置 6 m 拉梯一部，梯脚与起点线相齐。

2. 操作程序

参训人员穿戴作训服、消防头盔、安全腰带、作训鞋，在起点线处做好准备，听到"开始"口令后，将拉梯扛至肩部，冲出终点线喊"好"。

3. 操作要求
(1) 作业前，身体任何部位不得接触拉梯。
(2) 跑动中梯子不得离肩、触地。

4. 成绩评定
计时从发令"开始"至身体有效部位越过终点线为止。

5. 评判细则
有下列情况之一的，不计取成绩：
(1) 擅自改动个人防护装备或不按要求着装。
(2) 冲出终点线后，个人防护装备佩戴不齐全。
(3) 跑步中未采取肩梯姿势。
(4) 未按规定跑道进行操作。
有下列情况的，做加时处理：拉梯在跑步过程中触地，每次加 10 s。

6. 训练建议
1) 加强速度与耐力素质

该项目训练通常以 200 m 速度训练为基础，按照第二章的训练过程控制，每周安排半距、等距、超距、速耐速度训练各一次，间隔实施徒手长距有氧训练作为能力支撑。

2) 加强力量素质

以速度力量训练为主，间隔实施力量耐力和最大力量的核心力量、下肢力量、上肢力量（手指握力、三角肌、大臂肌群、小臂肌群）训练。

十、应用体能综合训练

1. 场地设置
在训练塔前 50 m 处设置起点线，40 m 处设置 2 m 板障一块，10 m 处设置折返线，折返线处放置 15 kg 壶铃两个，训练塔底部设置 20 kg 泡沫桶一个和一个绳索固定点，训练塔二层楼梯平台放置干线水带两盘，一层窗口设置 30 mm 麻绳一根，另一层四层窗口设置固定点，连接单滑轮，将绳索穿过滑轮，一端固定在泡沫桶上，训练塔底部设置 60 kg 假人一具。场地设置如图 4-1 所示。

2. 操作程序
参训人员着灭火防护服全套，佩戴空气呼吸器，在起点线处做好准备。

听到"开始"口令后，参训人员徒手翻越 2 m 板障，到达折返线。

在折返线处拎起壶铃返回，从板障侧面跑至起点线后折返跑向训练塔，到达折返线后放下壶铃。

跑至训练塔底利用麻绳攀爬至训练塔二层进窗。到达二层楼梯处，携带两盘干线水带登高至训练塔四楼平台，放下水带。

返回至训练塔底层窗口处，利用吊升绳将 20 kg 泡沫桶吊至超过训练塔四层窗口，将绳

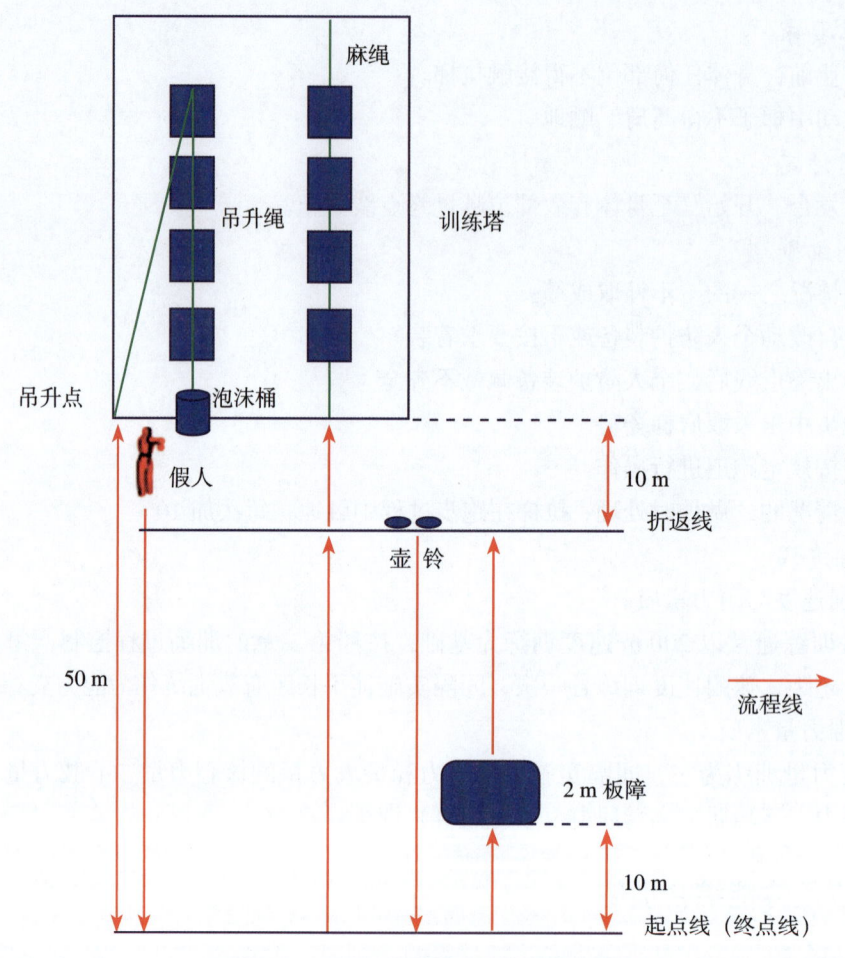

图 4-1 应用体能综合训练场地设置图

索固定。

携带假人至起点线,放下假人喊"好"。

3. 操作要求

(1) 参训人员穿戴灭火防护服、消防头盔、消防安全腰带、防护靴、消防手套,携带安全绳、腰斧、防爆照明灯、呼救器,背负空气呼吸器(不携带面罩)。

(2) 空气呼吸器气瓶容积为 6.8 L,压力不得小于 25 MPa。

(3) 灭火防护服裤腿及衣袖不得挽起,防护靴不得采取任何措施与灭火防护服裤子或腿部固定,防护靴上沿不得外翻。

4. 成绩评定

(1) 计时从发令"开始"至消防员冲出终点线喊"好"为止。

(2) 该项目为综合性应用体能训练,参训人员需动作规范紧张,不设达标时间。

第五章
运动准备、恢复与营养

运动准备、恢复与营养在体能训练起始阶段与结束阶段，对预防训练伤和提升训练效果具有重要意义。运动准备是调整受训人员不良的紧张或抑制状态，使中枢神经系统的兴奋性达到适宜水平。运动恢复则是在训练后继续做一些中低等强度的运动，使机体由兴奋状态逐渐过渡到相对静止的状态。运动营养是指人体根据不同运动项目的消耗，从外界摄入各类营养素，以满足人体运动的需求。

第一节　运动准备

运动准备的作用在于使体温升高、神经传导速度加快、内脏植物性神经逐渐兴奋，提高呼吸系统和心血管系统的功能，提升体内物质能量代谢水平。同时降低肌肉及韧带的黏滞，加快肌肉收缩与放松的速度，增加肌肉韧带的力量和弹性。最终使各器官功能相互适应和协调，充分发挥最大机能活动水平等。

一、热身运动

通过快走或慢跑的形式带动全身肌肉的热身，速度由慢到快，时间可根据情况来确定。在气温较低时，时间可相对长一些；反之，在气温较高时，时间可相对短一些。

二、伸展运动

具体方法参见第三章第五节柔韧训练。训练时应先进行静力柔韧训练，后实施动力柔韧训练，两者应按序训练，缺一不可。

三、趣味活动

采用趣味活动的形式可增加消防救援人员参与热身的积极性，在不知不觉中全身肌肉和心肺系统得以充分调动。活动内容和形式多样，也可自行编排，推荐的有道奇游戏、松鼠狐狸、高低球传递、队列竞速、蛇战等。

第二节　运动恢复

运动恢复对于消除训练疲劳具有积极作用，使人体机能得到更好更快的恢复，利于血液合理分布，防止出现"重力性休克"，加速代谢产物排出，避免酸痛等不良反应，调整呼吸运动促进体内二氧化碳呼出及氧气的补充，以偿还激烈运动后机体欠下的"氧债"。

一、有氧运动

通过慢跑等强度较低的有氧运动，可使各部位肌肉有节奏地放松和收缩；同时保持血流通畅，加速体内乳酸清除，消除疲劳，促进人体机能恢复。

二、伸展运动

在训练后对重点用到的肌群进行拉伸，可降低"延迟性肌肉酸痛"。

1. 颈部伸展

动作要领：颈部向一侧用力倾斜，另一侧肩膀用力下沉，当感到胸锁乳突肌有被牵拉感时，保持姿势 15～20 s。当放松另一侧颈部肌肉时，按以上动作反方向静力拉伸 15～20 s（图 5-1）。

图 5-1　颈部伸展

2. 肩部伸展

（1）应用建议：三角肌、斜方肌负荷较大，如负重登楼、负重跑、单杠引体向上、双杠臂屈伸。

（2）动作要领：当放松左肩时，左手平放胸前，右手四指轻轻握拳，勾住左手臂，向右向下有力拉伸，当三角肌和斜方肌有牵拉感时，保持姿势 15～20 s。当放松右肩时，按以上动作反方向静力拉伸 15～20 s（图 5-2）。

（3）训练要求：牵拉时不得屏住呼吸，平放胸前的手不宜太低，背部要伸直。

图 5-2　肩部伸展

3. 小臂伸展

（1）应用建议：前臂屈指肌负荷较大，如单杠引体向上、双杠臂屈伸、负重跑。

（2）动作要领：当放松左小臂时，左手翻转，右手握住左手四指，向后用力拉伸，当感到前臂屈指肌有拉伸感时，保持姿势 15～20 s。当放松右小臂时，按以上动作反方向静力拉伸 15～20 s（图 5-3）。

（3）训练要求：缓慢进行，不可突然发力。

图 5-3　小臂伸展

4. 胸大肌伸展

(1) 应用建议：胸大肌、胸小肌负荷较大，如俯卧撑等。

(2) 动作要领：胸大肌拉伸时，两人一组反向站立，一人左手另一人右手小臂靠齐，两腿呈弓步站立，两肩后张，使胸大肌得到完全拉伸，保持姿势 15～20 s，然后两人交换位置，拉伸另一侧胸大肌（图 5-4）。

(3) 训练要求：在可拉伸范围内，幅度由小至大，缓慢进行。

图 5-4　胸大肌伸展

5. 躯干后部伸展

(1) 应用建议：躯干后部（腰背部）竖脊肌、髂腰肌负荷较大，如攀登 6 m 拉梯、负重跑、负重登楼。

(2) 动作要领：当拉伸左侧腰部肌肉时，身体平坐，左腿向前伸直，右腿弯曲，贴于左腿膝关节处，双手握住左脚尖，身体用力下沉，当感到肌肉有拉伸感时，保持姿势 15～20 s。当拉伸右侧腰部肌肉时，按以上动作反方向静力拉伸 15～20 s（图 5-5）。

图 5-5　躯干后部伸展

(3) 训练要求：伸直背部，把脚底贴在大腿上。

6. 腰背部伸展

(1) 动作要领：身体平坐，两腿分开，膝盖微微弯曲，两手伸直，身体用力下压，当感到腰部肌肉有拉伸感时，保持姿势 15～20 s（图 5-6）。

(2) 训练要求：伸直背部向前弯曲。

图 5-6　腰背部伸展

7. 腰部伸展

(1) 动作要领：当放松腰部左侧肌肉时，左腿伸直，右腿弯曲置于左腿膝盖上，左手肘部顶住右腿膝关节外侧，右手撑地，身体用力转向右侧，当感到腰部左侧肌肉有拉伸感时，保持姿势 15～20 s。当放松腰部右侧肌肉时，按以上动作反方向静力拉伸 15～20 s（图 5-7）。

(2) 训练要求：腿要平放地上，膝盖不可弯曲，脚跟贴地，撑地的那一侧肩部向后缩，用上手肘去往外压腿。

图 5-7　腰部伸展

8. 股后肌群伸展

(1) 应用建议：股二头肌负荷较大，如登楼、速度训练、耐力训练。

(2) 动作要领：仰卧在地板上，一腿伸直抬高至与地面垂直，两手抱住大腿中部，两手用力往后拉动大腿，使股二头肌得到充分伸展。整个过程中，注意膝关节保持伸直。当感到股二头肌有被牵拉感时，保持姿势 15～20 s（图 5-8）。

(3) 训练要求：挺胸，慢慢向后伸展。

图 5-8　股后肌群伸展

9. 大腿肌肉伸展

(1) 应用建议：大腿负荷较大，如登楼、速度训练、耐力训练。

(2) 动作要领：当放松左（右）大腿肌肉时，单腿站立，另一侧大腿膝关节弯曲，双手后背，握住左（右）脚踝关节处，使脚后跟贴近臀部，当感到左（右）大腿股四头肌有被拉伸感时，保持姿势 15～20 s（图 5-9）。

(3) 训练要求：在牵拉过程中，如果下背部过度前屈，会给腰部施加额外的压力，导致受伤，所以下背部要尽量保持放松，使股四头肌得到充分牵拉。

图 5-9　大腿肌肉伸展

10. 小腿肌肉伸展

（1）应用建议：小腿负荷较大，如梯类训练项目、登楼、速度训练。

（2）动作要领：当放松左（右）小腿肌肉时，另一条腿向前跨出一大步，两腿呈弓步站立，身体前倾，当感到左（右）小腿比目鱼肌和腓肠肌有被拉伸感时，保持姿势 15～20 s（图 5-10）。

（3）训练要求：前后脚掌不能离地，以静力牵拉为主，增加牵拉时间和配合冰水浸泡，牵拉强度不能太大。

图 5-10　小腿肌肉伸展

11. 踝关节伸展

（1）应用建议：提高踝关节灵活性，如登楼、速度训练、耐力训练。

（2）动作要领：身体平坐，双腿伸直，双手握住左（右）脚掌用力上翻，当感到左（右）踝关节肌肉有拉伸感时，保持姿势 15～20 s（图 5-11）。

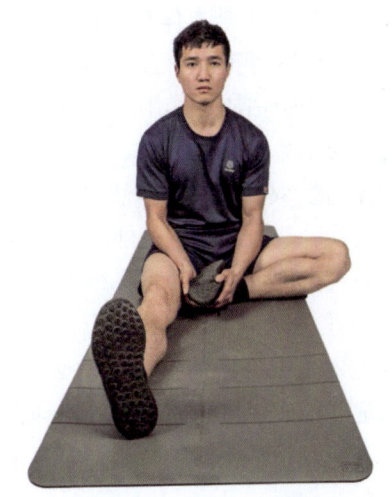

图 5-11　踝关节伸展

第三节 运动营养

运动营养是指人体根据不同运动项目的消耗,从外界摄入各类营养素,以满足人体运动的需求。

一、营养素

人体所必需的营养素主要由糖类、蛋白质、脂类、维生素、水、矿物质和膳食纤维七大类组成。其中,糖类、蛋白质、脂类为人体供给热能,构成机体组织;维生素、水、矿物质、膳食纤维参与生理功能调节。

1. 糖类

糖类是人体活动能量的重要来源,主要以糖原形式储藏于人体,提供总能量的55%~60%。其中,肝糖原占总糖原的1/3,可以快速分解为葡萄糖进入血液,维持血糖水平,并为红细胞、脑和神经组织提供能量。肌糖原只为肌肉提供能量,身体姿态的维持、运动过程的实现都需要肌糖原供能。通过提高体内糖原储备水平,有助于加强长时间、大强度的运动能力。

2. 蛋白质

蛋白质是所有生命体的物质基础,是肌体细胞的重要组成部分,是人体组织更新和修补的主要原料,对维持人体的正常生命活动起到至关重要的作用。正常成人体内物质的16%~19%是蛋白质。蛋白质又可分为植物蛋白和动物蛋白。

3. 脂类

脂类中的脂肪是人体热量的重要来源,是构成身体细胞的重要成分之一,尤其在脑神经、肝脏、肾脏等重要器官中都含有大量脂肪。其具有隔热和保护、调节内分泌、提高糖的利用率和节约蛋白质等作用。

4. 矿物质

人体的组织、细胞由自然界20余种元素构成,组成糖类、蛋白质、脂类、维生素等有机分子的碳、氢、氧和氨氮外的元素称为矿物质,其具有调节细胞膜通透性,参与维持神经和肌肉的兴奋性,组成激素、维生素、蛋白质和多种酶类的成分等作用。

5. 维生素

维生素是维持机体生命活动必需的一种需要量不大的小分子有机化合物。虽不是机体组织细胞的构成成分和能量来源,却在能量代谢、调节机体物质代谢过程中起着十分重要的作用。其特点是不能提供能量,大多不能在体内合成,也不能大量储存于体内,必须经常由食物补充。

6. 水

水是维持人体正常生理活动的重要营养素之一,起到人体物质代谢、物质运输、调节体温等作用，占体重的 60%～70%，人体内大部分的水都是和蛋白质、多糖等形成的结合水而存在，小部分以自由水状态存在。

7. 膳食纤维

膳食纤维包括多糖、寡糖、木质素及相关的植物物质，人体无法把它们变成单糖进行吸收，所以大部分纤维会被人体排出，小部分在大肠中被微生物发酵，作为肠道细胞和细菌的能量来源，起到促进代谢、减少脂肪堆积、调节能量过剩等作用。

二、营养补给

人体在运动中由于功能代谢而流失大量营养素，导致人体机能自主调节失衡。营养补给就是确保人体食物提供的能量、营养素与其运动量所消耗的能量和各种营养素之间能保持平衡。

1. 膳食补充

膳食营养素补充要通过膳食结构的合理调整实现，糖（含有淀粉、多糖和单糖）摄入量占膳食总热能的 55%～60%，在大强度、长时间训练和作战行动前后应达到 70%；蛋白质摄入量占膳食总热能的 12%～15%；脂肪摄入量占膳食总热能的 25%～30%。

2. 液体补充

（1）训练前液体补充。在运动前 2 h 饮用 400～600 ml 的含电解质和糖等成分的运动饮料，或在运动前 15～20 min 补液 400～700 ml，分 2～4 次喝完，每次 100～200 ml。

（2）训练中液体补充。训练中补液以预防脱水、低血钠和日常体重较大变动为目的，在长时间耐力训练中，每隔 15～20 min 补液 100～300 ml，水温在 10～15℃较合适，每小时不宜超过 800 ml。

（3）训练后液体补充。训练后补液应遵循"少量多次"的原则，以糖、电解质溶液为主，6 h 内需补充体液流失量的 1.5 倍。训练后应立即补充运动饮料，之后选择以进食的方式来补充液体。

日常训练、运动补液建议见表 5-1。

表 5-1　日常训练、运动补液建议

阶段（时间）	剂量	物质	方法
训练前	400～700 ml	含糖、电解质的运动饮料	少量多次补液
训练中	100～300 ml	含糖、电解质的运动饮料	每隔 15～20 min 补液，每小时不宜超过 800 ml
训练后	总流失量的 1.5 倍	含糖、电解质的运动饮料	少量多次补液

注：1. 不能直接喝浓度高的饮料，应该加入浓度低的饮料或矿泉水进行稀释饮用。
　　2. 如开展耐力运动时，应通过补充维生素 C、维生素 E 等营养素，以减少运动中产生的自由基带来的损伤。

三、专项运动营养

1. 速度类项目的营养

消防速度类项目主要有单人6 m拉梯、双人6 m拉梯、百米负重、60 m肩梯等。此类项目中主要由糖类、矿物质和维生素参与供能和调节神经功能。其中,能量的主要来源是糖原的无氧酵解;维生素B_1可促进糖类的代谢,使肌肉释放能量的效率更高;维生素C可增加大脑中氧的含量,激发大脑对氧的利用,增强机体对缺氧的应激能力,提高机体无氧耐力;矿物质磷可以满足高速神经活动的需要。

2. 耐力类项目的营养

消防耐力类项目主要有3 000 m跑、5 000 m跑、游泳等。此类项目主要由糖类、矿物质、维生素、蛋白质、脂类参与供能和能量转换,在不同的运动阶段,糖类、蛋白质和脂类按序分解供能;维生素B族、维生素C可使呼吸酶处在较高水平,使供能效率提高;矿物质铁参与血红蛋白合成,能提高血液的供氧能力,促进耐力水平提升。

3. 力量类项目的营养

消防力量类项目与神经系统、激素水平、肌纤维类型、肌群协调性、肌纤维含量等有关。该类项目主要由糖类、蛋白质、矿物质、维生素等参与供能,促进肌纤维合成,调整体内激素水平。糖类为力量类项目提供能量;蛋白质主要用于合成肌纤维;维生素B_2与蛋白质共同促进肌纤维合成;矿物质钠、钾、钙、镁等主要用于保证力量类项目的神经功能。

4. 灵敏类项目的营养

消防灵敏类项目主要有绳索救助、百米消防障碍等,对灵巧、协调、平衡、稳健等人体神经系统的要求较高。此类项目主要由糖类、维生素、矿物质等参与供能,促进神经传导。糖类为灵敏类项目提供能量;维生素A、B_{12}、C、E能强化肌肉组织缔合,防止肌肉拉伤、撕裂,强化红血细胞功能,防止运动性贫血。

食物营养表见表5-2。

表5-2 食物营养表

名称	营养来源	备注
钙	奶类、豆腐、小鱼、米、发菜	
锌	海带、紫菜、奶类、牡蛎、大豆、茄子、扁豆等	
磷	鱼肉、肉类、奶类、豆类	
铁	肝、蛋黄、全麦、瘦肉、深色绿叶蔬菜	
碘	发菜、腰果、水果	
硒	海产品、肝、肾、肉、大米等	

(续表)

名称	营养来源	备注
钠	食盐、含麸谷物制品、黄油、人造黄油、玉米片粥、酸黄瓜、熏火腿、鳕鱼片、乌贼干、青橄榄、燕麦片、土豆、海藻、虾	
钾	脱水水果、糖蜜、土豆粉、米糠、海藻、大豆粉、调味品、向日葵籽、麦麸	
铜	口蘑、海米、红茶、砖茶、榛子、葵花子、芝麻酱、西瓜子、绿茶、核桃、黑胡椒、可可粉、肝、蟹肉、蚕豆、鲜蘑菇、青豆、小茴香、黑芝麻、大豆制品、松子、龙虾、绿豆、花生米、黄豆、土豆粉	
镁	海参、榛子、西瓜子、鲍鱼、燕麦片、小茴香、小米、苋菜、葵花子、虾皮、砖茶、绿茶、花茶、海蜇皮、黄豆、木耳、海米、咖啡、可可粉、花生粉、黑芝麻、大豆	
钼	动物内脏、肉类、全谷类、麦胚、蛋类、叶类蔬菜、酵母	
锰	糙米、米糠、香料、核桃、麦芽、干菜豆、花生、土豆、大豆粉、向日葵籽、小麦、全谷粒、大麦、高粱	
硅	全谷粒的纤维部分、肝、肺、肾、脑、结缔组织	
钒	红薯、土豆、山药、芋头、木薯、西米、人参果、胡萝卜、红萝卜、紫萝卜、芥菜头、竹笋、藕、慈姑、百合、芦笋、包心菜	
硫	干酪、蛋类、鱼、谷类、谷物制品、豆类、肉类、坚果类、家禽	
蛋白质	奶类、鱼类、肉类、蛋类、豆类	
维生素A	猪肝、蛋类、肉类、胡萝卜、鱼肝油、南瓜、菠菜、红黄绿色蔬菜	
维生素B_1	胚芽、麦芽、猪肝、肉类、豆类、蔬菜	
维生素B_2	豆类、蛋白、猪肝、牛奶、蔬菜、水果	
维生素B_6	猪肝、糙米、牛奶、豆类、肉类、蛋类	
维生素B_{12}	肝类、肾类、肉类、鱼类、蛤类、蛋类、乳制品	
维生素C	柑橘类、蔬菜、水果、番石榴	
维生素D	海产类、鱼贝类、海藻类、海带	
叶酸	小麦、大麦、杏仁、花生、豆类	
烟酸	猪肝、酵母、豆类、牛奶、糙米、绿色蔬菜	

第六章
训练伤病的预防与处置

训练伤病是指训练直接或长期积累导致参训人员的组织器官功能障碍或病理改变的疾病。消防救援人员发生训练伤病主要包括皮肤撕裂伤、擦伤、腕和踝等关节扭伤、腿和腰部肌肉等损伤、肌腱韧带损伤、椎间盘突出、骨折等。训练伤病直接影响消防员的身体健康和训练效果,预防和妥善处置训练伤病是体能训练的重要内容。

第一节 训练伤病的预防措施

一、充分的训练准备

训练准备主要包括思想认识、活动热身、场地器材等方面的准备。

1. 思想认识到位

训练前保证充分的休息和合理的饮食,训练时思想上必须积极向上,充分认识训练的目的和意义,并保持全程精力集中。紧张、恐惧、害怕、反感、麻痹、技术认知结构不完整等问题将导致心理负担过重、思想不集中,出现肌肉僵硬或机体反应迟钝,造成训练伤病。

2. 活动热身充分

训练前应充分做好准备活动和热身运动,提高中枢神经系统的兴奋性,通过全身各关节、肌肉的活动,加速血液循环,使肌肉组织得到充分的血液供应,增强肌肉的力量和弹性,为正式训练做好充分准备。一般以身体感到发热、微微出汗为宜,易伤部位要稍微加强准备活动。

3. 场地器材检查

训练设施和场地应定时进行安全检查,训练前必须检查;同时做好日常维护和保养工作,确保所有训练器材表面光滑、安装牢固,对于存在安全隐患的训练器材应及时更换。

二、合理的训练强度

体能训练应注意有氧运动和无氧运动训练的有机结合。为了适应执勤战备的需要,应加强消防救援人员的有氧运动训练,同时应重视无氧耐力的发展。围绕提高最大吸氧量和耐缺氧能力为主,在保持总量负荷不变的前提下,采取高强度的短距离间歇与重复训练、综合训练,把有氧代谢、无氧代谢、混合代谢供能科学地组合于一体,使速度耐力、力量耐力和高速持续跑能力同时得到提高,使脉率始终保持在 170～180 次/min 的临界点,当恢复到 135～140 次/min,即刻进行下一段训练,这样才能进一步提高抗乳酸的耐受力和消除乳酸及偿还"氧债"的能力。

同时应正确处理好训练量和训练强度的关系。训练量和训练强度是互相联系、不可分割的两方面,有一定的量就有一定的强度。训练量和训练强度应互相配合交替地不断增加。当增加训练量时,安排的训练强度应小些;当增加训练强度时,安排的训练量应小些。

三、有效的训练恢复

人体在激烈运动时,能量消耗大,需要摄取大量的氧,但许多运动项目无论呼吸如何加强,也不能满足运动时对氧的需要。所以运动时肌肉常常是在缺氧的情况下进行工作,尤其是内脏器官在运动停止后还要继续工作,以弥补运动时短缺的氧。突然停止运动而不做整理运动,这不仅会影响氧的补充,而且会影响静脉血的回流,继而影响血液输送量,造成一时性的脑贫血、血压降低等不良现象。因此,为了更好地恢复体能和减少伤病,训练后必须进行有效的恢复性、放松性活动。

第二节　常见训练伤病的处置措施

一、肌肉拉伤

肌肉在运动中急剧收缩或过度牵拉引起的损伤,称作肌肉拉伤。肌肉拉伤后,拉伤部位剧痛,用手可摸到肌肉紧张形成的索条状硬块,触疼明显,局部肿胀或皮下出血,活动明显受到限制。

1. 致伤原因

造成肌肉拉伤的主要原因如下:准备活动不当,某部肌肉的弹性和黏稠度都未达到适应训练所需的状态,强行促使肌肉拉伸,致使肌肉出现局部拉伤或拉断;动作幅度超越训练水平,肌肉的弹性和力量较差,不能够适应疲劳或过度负荷,使肌肉的机能下降、力量减弱、协调性降低;技术动作错误或不协调,动作过猛或粗暴,肌肉拉伸、收缩不协调或收缩超过了肌肉本身的负担能力,或突然被动地过度拉长,超过了它的伸展性。

2. 处置措施

肌肉拉伤主要有肌肉痉挛、局部拉伤和拉断三种形式:
(1) 肌纤维轻度拉伤及肌肉痉挛者,用针刺疗法会取得显著疗效。
(2) 肌纤维部分断裂者,早期用冷敷、加压包扎,还要把患肢放在使受伤肌肉松弛的位置以减轻疼痛。48 h 后开始轻缓式按摩。经过初期冷敷治疗后，可以外敷。较严重者要抬高伤肢，同时可服用一些止疼止血类药物。

3. 注意事项

（1）怀疑有肌肉、肌腱完全断裂者，应在局部加压包扎、固定患肢后，立即送医院确诊，必要时还要接受手术治疗。

（2）48 h 后拆除包扎，根据伤情可外用活血消肿乌拉坤膏，用较轻的手法对损伤局部进行按摩。

二、韧带拉伤

韧带是使各骨块相互连接的结缔组织的索状物，与弹性纤维紧密并行。韧带拉伤后，局部肿胀、疼痛、压痛，有皮下出血的可看见青紫区。导致韧带拉伤的情况与肌肉拉伤基本相同。

1. 致伤原因

参见肌肉拉伤的致伤原因。

2. 处置措施

早期正确处理关节韧带拉伤非常重要，因为韧带组织不易再生恢复，如果处理不当或误诊而转成慢性疾病，可能遗留功能障碍，且以后易再次拉伤。

（1）急性拉伤发生后，应立即停止活动以减少出血，立刻用冷水冲拉伤部位或用冰块冷敷局部以达到止血的目的。

（2）然后覆盖绷带加压包扎防止肿胀。

（3）经过 24～48 h 后，如拉伤部位的出血停止，用温热毛巾热敷或按摩以消肿和促进血液吸收。

（4）基本痊愈后，应加强关节周围肌肉的力量练习，提高关节的相对稳定性。

3. 注意事项

（1）韧带完全断裂或怀疑并发骨折的，在加压包扎后必须请医生进一步检查和治疗。

（2）在进行温热敷时，温度不要太高，时间不宜太长，按摩时也不宜太重，以免加重渗出、水肿或发生再出血。

（3）为了促进关节功能恢复，应注意动静结合，在没有疼痛感的前提下进行早期活动，再配合使用活血化瘀类药品进行外敷，促进软组织再生。

三、疲劳性骨膜炎

疲劳性骨膜炎多发于训练初期，是指肌肉不断牵拉骨膜，骨膜与骨质的正常结构遭到破坏而引起的炎症，多发生在胫骨、腓骨、趾骨等。疲劳性骨膜炎轻者早期出现皮肤红肿，且伴有轻度烧热感，训练后出现疼痛，进行大运动量训练后疼痛加剧；重者行走或不运动时疼痛，个别夜间痛，多为隐痛、牵扯痛，严重的有刺痛或烧痛感，同时伴有肿胀，局部软组织有轻度凹陷水肿，按压时骨膜上出现明显压痛点。

1. 致伤原因

造成疲劳性骨膜炎的主要原因如下：训练方法不当，足尖用力跑跳过多，训练场地过硬或动作不正确，落地缓冲不够；因身体重力和支撑面相互反作用于骨骼，产生应力性改变而导致运动损伤。

2. 处置措施

适当调整训练量，尤其是控制足尖跑、跳、蹬地等动作的量。练习量降至以不加重原来症状为适宜，待其重新适应后（通常一周左右）再恢复训练量，以使负荷能力逐渐提高。

伤后训练要用弹力绷带或布带包裹患处，练习后不解去，并按摩患处，进行热敷。

3. 注意事项

如伤情严重，应停止专项训练为宜。

四、疲劳性骨折

疲劳性骨折又称行军骨折或应力性骨折。疲劳性骨折多发于胫骨、跖骨和桡骨，临床上无典型外伤史，早期 X 线平片通常很难发现问题，容易漏诊或误诊。疲劳性骨折发生后，初期呈骨裂状态，如得不到及时休息，作用力持续存在，骨小梁断裂将导致完全性骨折。

1. 致伤原因

造成疲劳性骨折多因骨骼系统长期受到非生理性应力所致。

2. 处置措施

（1）在出现疲劳性骨折后，参训者应及时休息，纠正错误动作、姿势，避免应力反复作用于伤处造成再伤。

（2）若为轻度无伤口骨折，尚未肿胀时，在有条件的情况下，应先进行冷敷处理，使用冰水、冰块或者冷冻剂敷住骨折部位，防止肿胀。

（3）对有伤口的开放性骨折患者，可用干净的消毒纱布压迫。如压迫止不住血时，可用止血带环扎伤口的近心端止血。

3. 注意事项

（1）局部骨骼长期受反复集中的轻微损伤后，首先发生骨小梁骨折并身体很快完成修复。在病情初期，除局部疼痛，木、胀感外无明显不适，如在修复过程中继续受外力作用，即会出现修复障碍，促使骨吸收增加。反复这一过程，终因骨吸收大于骨修复而导致完全性骨折。

（2）冰袋和皮肤之间要隔毛巾或布，禁止冰袋直接与皮肤接触以免冻伤，冷敷的时间不要超过 20 min。

（3）必须记录扎带的时间，每隔 40～60 min 放松一次，每次 1～2 min，以免时间过长导致肢体缺血坏死。

五、中暑

中暑是指在高温和热辐射的长时间作用下,体温调节中枢功能障碍、汗腺功能衰竭和水电解质丢失过多而引起的中枢神经和心血管功能障碍。中暑包括中暑先兆、轻症中暑和重症中暑。重症中暑又分为热射病、热痉挛和热衰竭三种类型,其中热射病最为严重(表6-1)。

表6-1 中暑分类及常见症状

分类		常见症状
中暑先兆		在高温作业场所劳动一定时间后,出现头昏、头痛、口渴、多汗、全身疲乏、心悸、注意力不集中、动作不协调等症状,体温正常或略有升高
轻症中暑		除中暑先兆的症状加重外,出现面色潮红、大量出汗、脉搏快速等表现,体温升高至38.5℃以上
重症中暑	热射病	在高温环境中突然发病,体温高达40℃以上,疾病早期大量出汗,继之"无汗",可伴有皮肤干热及不同程度的意识障碍等
	热痉挛	主要表现为明显的肌肉痉挛,伴有收缩痛。好发于活动较多的四肢肌肉及腹肌等,尤以腓肠肌为著。常呈对称性,时而发作,时而缓解。意识清,体温一般正常
	热衰竭	起病迅速,主要临床表现为头昏、头痛、多汗、口渴、恶心、呕吐,继而皮肤湿冷、血压下降、心律失常、轻度脱水,体温稍高或正常

1. 致伤原因

造成中暑的主要原因有外部产热增加、机体散热不足、热适应能力下降。

2. 处置措施

(1)应立即停止训练,脱下装备和外衣在通风阴凉处休息,并自行饮用淡盐水500～1 000 ml。

(2)当中暑症状经休息及自行饮水后仍无好转时,尽快用凉水擦拭或浸泡患者周身,有条件的可用冰块、擦浴、水浸、冰袋、降温背心、降温头套等降低体表温度。

(3)医务人员应当尽快赶到现场,首先通过摸脉搏、看呼吸、测血压、量体温等对病情做出基本评估,指导轻症患者降温、饮水。

3. 注意事项

(1)对于重症患者出现意识不清时,不可经口给水,要保护好气道,防止误吸,必要时开放气道,应尽快开放静脉通道快速补盐水,确保患者降温过程持续有效。

(2)如果采取降温措施15 min后,患者体温仍高于40℃,或存在意识障碍等严重症状,则应尽快就近转运至医院治疗。

(3)对呼吸、心跳停止的患者,要立即进行人工呼吸和心肺复苏,同时迅速将情况报告上级。

六、外伤

外伤是指身体或物体由于外界物体的打击、碰撞或化学物质的侵蚀等造成的损伤，如擦伤、撕裂伤、切伤、刺伤等。外伤在日常训练时较多见，因伤口多有污染，如处理不及时或不当，易发生感染，影响愈合和功能恢复，严重者可造成残疾，甚至危及生命。

1. 致伤原因

造成外伤的主要原因有防护措施不到位、操作不当等。

2. 处置措施

外伤的处理目的在于改善修复条件，促使及早愈合。根据伤情，分别清洁处理污染、感染伤口。常见外伤的处置方法见表6-2。

表6-2　常见外伤的处置方法

外伤种类	概念及表现	处置方法
擦伤	擦伤是皮肤受到外力摩擦所致，皮肤被擦破出血或有组织液渗出	（1）创口浅、面积小的擦伤，可用生理盐水或凉开水洗净创口，周围用70%酒精棉球消毒，创口上涂抹紫药水，待干即可，无须包扎但面部擦伤最好不用紫药水涂抹
		（2）创口处可用双氧水消毒，创口周围皮肤用酒精棉球消毒，然后用凡士林纱条覆盖创面或撒上消炎粉，再用消毒敷料覆盖并包扎
撕裂伤	撕裂伤是钝性暴力作用于体表，由于急剧牵拉或扭转，造成皮肤和皮下组织撕裂	撕裂伤口小，经止血、消毒处理后，可用黏膏黏合
刺伤	刺伤是指尖锐物体（如刀尖、竹签等）猛力刺穿皮肤及皮下组织造成的创伤	其处理方法与撕裂伤基本相同

3. 注意事项

（1）关节附近的擦伤不宜使用暴露疗法，以免皮肤干裂而影响关节运动。

（2）创口内若有煤渣、细沙等异物，要用生理盐水或凉开水冲洗干净，否则创口愈合后，皮肤里会留下黑色异物。

（3）伤口较大则需缝合，必要时要使用抗生素治疗。

（4）凡被不洁物致伤且创口小而深者，应注射破伤风抗毒素。

七、训练性膝关节痛

训练性膝关节痛多为训练所致膝关节创伤性滑膜炎。表现为滑膜组织水肿、渗出液增多及大量黏液素产生对神经末梢的刺激等，均可引起关节疼痛，使之活动受限。预防上应强调科学合理地安排训练计划，克服长时间单一动作的反复训练，熟练掌握动作要领，按照动作要领操练。

1. 致伤原因

造成膝关节创伤性滑膜炎的主要原因多为训练基本要领掌握不熟练、动作不协调，加之对训练场地的适应性差，特别是长时间进行单一动作重复训练。

2. 处置措施

使用肌贴或肌贴套装配合易受伤的部位及不同贴法稳定肌肉力量。提拉皮肤，促进皮下组织液导流，消除肿胀，减轻疼痛，帮助患处恢复。

八、下腰部损伤

下腰部损伤包括急性腰损伤、慢性腰肌劳损、肌筋膜炎、腰椎间盘突出症等，训练中腰部受力大而频繁，致使腰部肌肉和肌腱撕裂、出血和渗出，断裂组织修复和出血、渗出被吸收后，产生瘢痕和组织粘连。

1. 致伤原因

造成下腰部损伤的主要原因有反复操练，使得损伤的肌肉、筋膜、韧带修复不良，产生较多瘢痕和粘连，这些组织易牵拉、压迫内在神经而产生腰痛。

2. 处置措施

下腰部损伤处置方式与训练性膝关节痛类似，原则就是加强固定损伤处，使损伤部位能够承受更大的压力，从而防止损伤部位由于活动再次磨损受伤，减轻肿胀、疼痛，帮助患处恢复。

九、抽筋

抽筋即肌肉痉挛。腿常抽筋大多是缺钙、受凉、局部神经血管受压引起。

1. 致伤原因

造成抽筋的主要原因有训练前准备活动不充分，肌肉突然猛烈收缩导致抽筋；或长时间的剧烈训练，身体出汗量增多，体内大量盐分丧失，也可能引发肌肉不自主强制收缩，出现抽筋现象。有时在寒冷、疲劳、饥饿、精神过度紧张的情况下也可诱发。

2. 处置措施

（1）在训练时一旦出现抽筋现象，需即刻休息，对抽筋部位进行轻轻按摩，并将抽筋部位的肌肉轻轻拉伸。

（2）若肌肉抽筋的时间很长，则可使用热敷或冷敷的办法来减轻疼痛，或局部喷洒、擦一些松筋止痛的药水或药膏也很有效。

（3）若很容易再次发生抽筋，则需考虑肌肉是否过度疲劳或脱水，前者则必须停止活动休息，后者则需补充水分和电解质。

3. 注意事项

（1）拉伸时不可用力过猛，以免造成二次伤。

（2）在日常生活中多补充维生素E和钙，可减小抽筋发生的概率。

附 录

附录1　消防救援人员体能训练阶段划分与训练课时比重

附表1-1　消防救援人员体能训练阶段划分与训练课时比重

训练部分	训练时期	训练阶段	训练周期	时间
入职教育培训	集中教育期	训练适应期	5周	周一至周六早晨：40 min 周一至周六下午：60 min 周一、周三、周五、周日晚上：60 min
		基础提升期	25周	
		应用强化期	18周	
		调整备考期	4周	
在职培养	巩固强化期	冬训	11月—次年5月	周一至周五早晨：40 min 周一至周五上午：180 min（45 min） 周一、周三、周四下午：180 min
		夏训	6—10月	
	能力保持期	冬训	11月—次年5月	
		夏训	6—10月	

附录2　消防救援人员体型标准对照与体脂百分比

附表2-1　消防救援人员体型标准对照（男子）

身高/m	年龄/周岁				
	24以下	25~29	30~39	40~49	50~60
1.60	47.4～66.3	47.4～68.9	47.4～71.4	47.4～74.0	47.4～75.3
1.61	48.0～67.1	48.0～69.7	48.0～72.3	48.0～74.9	48.0～76.2
1.62	48.6～68.0	48.6～70.6	48.6～73.2	48.6～75.8	48.6～77.2

（续表）

身高 /m	年龄 / 周岁				
	24 以下	25~29	30~39	40~49	50~60
1.63	49.2～68.8	49.2～71.5	49.2～74.1	49.2～76.8	49.2～78.1
1.64	49.8～69.7	49.8～72.4	49.8～75.0	49.8～77.7	49.8～79.1
1.65	50.4～70.5	50.4～73.2	50.4～76.0	50.4～78.7	50.4～80.0
1.66	51.0～71.4	51.0～74.1	51.0～76.9	51.0～79.6	51.0～81.0
1.67	51.6～72.2	51.6～75.0	51.6～77.8	51.6～80.6	51.6～82.0
1.68	52.2～73.1	52.2～75.9	52.2～78.7	52.2～81.6	52.2～83.0
1.69	52.8～74.0	52.8～76.8	52.8～79.7	52.8～82.5	52.8～84.0
1.70	53.5～74.9	53.5～77.7	53.5～80.6	53.5～83.5	53.5～85.0
1.71	54.1～75.7	54.1～78.7	54.1～81.6	54.1～84.5	54.1～86.0
1.72	54.7～76.6	54.7～79.6	54.7～82.5	54.7～85.5	54.7～87.0
1.73	55.4～77.5	55.4～80.5	55.4～83.5	55.4～86.5	55.4～88.0
1.74	56.0～78.4	56.0～81.4	56.0～84.5	56.0～87.5	56.0～89.0
1.75	56.7～79.3	56.7～82.4	56.7～85.4	56.7～88.5	56.7～90.0
1.76	57.3～80.2	57.3～83.3	57.3～86.4	57.3～89.5	57.3～91.1
1.77	58.0～81.1	58.0～84.3	58.0～87.4	58.0～90.5	58.0～92.1
1.78	58.6～82.1	58.6～85.2	58.6～88.4	58.6～91.6	58.6～93.2
1.79	59.3～83.0	59.3～86.2	59.3～89.4	59.3～92.6	59.3～94.2
1.80	59.9～83.9	59.9～87.2	59.9～90.4	59.9～93.6	59.9～95.3
1.81	60.6～84.9	60.6～88.1	60.6～91.4	60.6～94.7	60.6～96.3
1.82	61.3～85.8	61.3～89.1	61.3～92.4	61.3～95.7	61.3～97.4
1.83	62.0～86.7	62.0～90.1	62.0～93.4	62.0～96.8	62.0～98.5
1.84	62.6～87.7	62.6～91.1	62.6～94.5	62.6～97.8	62.6～99.5
1.85	63.3～88.6	63.3～92.1	63.3～95.5	63.3～98.9	63.3～100.6
1.86	64.0～89.6	64.0～93.1	64.0～96.5	64.0～100.0	64.0～101.7
1.87	64.7～90.6	64.7～94.1	64.7～97.6	64.7～101.1	64.7～102.8
1.88	65.4～91.5	65.4～95.1	65.4～98.6	65.4～102.1	65.4～103.9
1.89	66.1～92.5	66.1～96.1	66.1～99.7	66.1～103.2	66.1～105.0
1.90	66.8～93.5	66.8～97.1	66.8～100.7	66.8～104.3	66.8～106.1
1.91	67.5～94.5	67.5～98.1	67.5～101.8	67.5～105.4	67.5～107.3

(续表)

身高 /m	年龄 / 周岁				
	24 以下	25~29	30~39	40~49	50~60
1.92	68.2～95.5	68.2～99.2	68.2～102.9	68.2～106.5	68.2～108.4
1.93	68.9～96.5	68.9～100.2	68.9～103.9	68.9～107.6	68.9～109.5
1.94	69.6～97.5	69.6～101.2	69.6～105.0	69.6～108.8	69.6～110.6
1.95	70.3～98.5	70.3～102.3	70.3～106.1	70.3～109.9	70.3～111.8
1.96	71.1～99.5	71.1～103.3	71.1～107.2	71.1～111.0	71.1～112.9
1.97	71.8～100.5	71.8～104.4	71.8～108.3	71.8～112.2	71.8～114.1
1.98	72.5～101.5	72.5～105.5	72.5～109.4	72.5～113.3	72.5～115.3
1.99	73.3～102.6	73.3～106.5	73.3～110.5	73.3～114.4	73.3～115.4
2.00	74.0～103.6	74.0～107.6	74.0～111.6	74.0～115.6	74.0～117.6
公式	$18.5 \leqslant BMI \leqslant 25.9$	$18.5 \leqslant BMI \leqslant 26.9$	$18.5 \leqslant BMI \leqslant 27.9$	$18.5 \leqslant BMI \leqslant 28.9$	$18.5 \leqslant BMI \leqslant 29.4$

注：1. 体型未达到上述标准者，可进一步采用体脂百分比评定。
2. $BMI = 体重（kg）/ [身高（m）]^2$。

附表 2-2　消防救援人员体型标准对照（女子）

身高 /m	年龄 / 周岁				
	24 以下	25~29	30~39	40~49	50~60
1.58	46.2～59.7	46.2～62.2	46.2～64.7	46.2～67.2	46.2～68.4
1.59	46.8～60.4	46.8～62.9	46.8～65.5	46.8～68.0	46.8～69.3
1.60	47.4～61.2	47.4～63.7	47.4～66.3	47.4～68.9	47.4～70.1
1.61	48.0～62.0	48.0～64.5	48.0～67.1	48.0～69.7	48.0～71.0
1.62	48.6～62.7	48.6～65.3	48.6～68.0	48.6～70.6	48.6～71.9
1.63	49.2～63.5	49.2～66.2	49.2～68.8	49.2～71.5	49.2～72.8
1.64	49.8～64.3	49.8～67.0	49.8～69.7	49.8～72.4	49.8～73.7
1.65	50.4～65.1	50.4～67.8	50.4～70.5	50.4～73.2	50.4～74.6
1.66	51.0～65.9	51.0～68.6	51.0～71.4	51.0～74.1	51.0～75.5
1.67	51.6～66.7	51.6～69.4	51.6～72.2	51.6～75.0	51.6～76.4
1.68	52.2～67.5	52.2～70.3	52.2～73.1	52.2～75.9	52.2～77.3

(续表)

身高 /m	年龄 / 周岁				
	24 以下	25~29	30~39	40~49	50~60
1.69	52.8～68.3	52.8～71.1	52.8～74.0	52.8～76.8	52.8～78.3
1.70	53.5～69.1	53.5～72.0	53.5～74.9	53.5～77.7	53.5～79.2
1.71	54.1～69.9	54.1～72.8	54.1～75.7	54.1～78.7	54.1～80.1
1.72	54.7～70.7	54.7～73.7	54.7～76.6	54.7～79.6	54.7～81.1
1.73	55.4～71.5	55.4～74.5	55.4～77.5	55.4～80.5	55.4～82.0
1.74	56.0～72.4	56.0～75.4	56.0～78.4	56.0～81.4	56.0～83.0
1.75	56.7～73.2	56.7～76.3	56.7～79.3	56.7～82.4	56.7～83.9
1.76	57.3～74.0	57.3～77.1	57.3～80.2	57.3～83.3	57.3～84.9
1.77	58.0～74.9	58.0～78.0	58.0～81.1	58.0～84.3	58.0～85.8
1.78	58.6～75.7	58.6～78.9	58.6～82.1	58.6～85.2	58.6～86.8
1.79	59.3～76.6	59.3～79.8	59.3～83.0	59.3～86.2	59.3～87.8
1.80	59.9～77.4	59.9～80.7	59.9～83.9	59.9～87.2	59.9～88.8
1.81	60.6～78.3	60.6～81.6	60.6～84.9	60.6～88.1	60.6～89.8
1.82	61.3～79.2	61.3～82.5	61.3～85.8	61.3～89.1	61.3～90.8
1.83	62.0～80.0	62.0～83.4	62.0～86.7	62.0～90.1	62.0～91.8
1.84	62.6～80.9	62.6～84.3	62.6～87.7	62.6～91.1	62.6～92.8
1.85	63.3～81.8	63.3～85.2	63.3～88.6	63.3～92.1	63.3～93.8
1.86	64.0～82.7	64.0～86.1	64.0～89.6	64.0～93.1	64.0～94.8
1.87	64.7～83.6	64.7～87.1	64.7～90.6	64.7～94.1	64.7～95.8
1.88	65.4～84.5	65.4～88.0	65.4～91.5	65.4～95.1	65.4～96.8
1.89	66.1～85.4	66.1～88.9	66.1～92.5	66.1～96.1	66.1～97.9
1.90	66.8～86.3	66.8～89.9	66.8～93.5	66.8～97.1	66.8～98.9
公式	$18.5 \leq BMI \leq 23.9$	$18.5 \leq BMI \leq 24.9$	$18.5 \leq BMI \leq 25.9$	$18.5 \leq BMI \leq 26.9$	$18.5 \leq BMI \leq 27.4$

注：1. 体型未达到上述标准者，可进一步采用体脂百分比评定。

2. $BMI = 体重（kg）/ [身高（m）]^2$。

附表2-3　男女消防救援人员体脂百分比　　　　　　　　　　　　单位：%

性别	年龄/周岁				
	24以下	25～29	30～39	40～49	50～60
男	6.0～20.7	6.0～21.7	6.0～22.7	6.0～23.7	6.0～24.3
女	14.0～30.1	14.0～30.6	14.0～31.1	14.0～31.6	14.0～31.7

注：PBF=脂肪重量/体重×100%。

附录3　消防救援人员入职培训体能测试项目及标准

附表3-1　消防救援人员入职培训体能测试项目及标准

项目	序号	类型	内容		标准
			男子	女子	
基础体能课目	1	力量	2 min 俯卧撑	平板支撑	附录6
	2	力量	单杠引体向上	单杠屈臂悬垂	附录6
	3	力量	2 min 双杠臂屈伸	双杠支撑移动	附录6
	4	力量	2 min 立卧撑	1 min 跳绳	附录6
	5	力量	单杠卷身上	3 min 屈腿仰卧起坐	附录6
	6	力量	2 min 双腿深蹲起立	2 min 双腿深蹲起立	附录6
	7	耐力	3 000 m	1 500 m	附录6
	8	灵敏	5×10 m 折返	5×10 m 折返	附录6
	9	柔韧	坐位体前屈	坐位体前屈	附录6
应用体能课目	1		30 m 拖重		附录6
	2		四楼攀爬绳索		附录6
	3		十楼负重		附录6
	4		100 m 负重		附录6

注：1. 基础体能考核：每项考核成绩大于等于60分则基础体能总成绩为合格；若有三项以内（含）成绩小于60分，则九项总成绩平均分大于等于70分为合格，否则为不合格；超过三项成绩小于60分则总成绩为不合格。

2. 应用体能考核：每项考核成绩大于等于60分则应用体能总成绩为合格；若有一项成绩小于60分，则四项总成绩平均分大于等于70分为合格，否则为不合格；两项（含）成绩小于60分则总成绩为不合格。

3. 驻海拔1 800～2 000 m，每增加100 m成绩评定标准降低1%；2 000～4 000 m，每增加100 m成绩评定标准降低2%；4 000 m以上的单位根据驻地实际情况自行组织训练。入驻高原60 d以上人员执行此标准。

附录 4 入职教育训练、在职培养巩固强化期、在职培养能力保持期体能训练周计划

附表 4-1 入职教育训练各周期体能训练周计划

训练周期		训练内容					
		周一	周二	周三	周四	周五	周六	周日
训练适应期	早晨	1 200 m 热身跑、柔韧训练、协调训练						
	下午	控速 3 000 m 灵敏训练	控速 200 m 无氧灵敏训练	控速 5 000 m 灵敏训练	控速 200 m 无氧灵敏训练	控速 400 m 无氧灵敏训练	控速 6 000 m	
	晚上	核心力量训练		上肢力量训练		核心力量训练		下肢力量训练
基础提升期	早晨	1 200 m 热身跑、柔韧训练、协调训练						
	下午	控速 3 000 m×2 灵敏训练	控速 200 m 无氧灵敏训练	控速 5 000 m 灵敏训练	控速 400 m 无氧灵敏训练	控速 400 m 无氧灵敏训练	控速 8 000 m	
	晚上	核心力量训练爆发力训练		上肢力量训练爆发力训练		核心力量训练耐力训练		下肢力量训练爆发力训练
应用强化期	早晨	1 200 m 热身跑、柔韧训练、协调训练						
	下午	控速 5 000 m 灵敏训练	控速 200 m 无氧灵敏训练	控速负重 5 000 m 灵敏训练	控速 400 m 无氧灵敏训练	控速 400 m 无氧灵敏训练	控速 10 000 m	
	晚上	核心力量训练		上肢力量训练		核心力量训练		下肢力量训练
调整备考期	参考基础提升期							

附表4-2 在职培养巩固强化期体能训练周计划

训练阶段		周一	周二	周三	周四	周五	周六	周日
		训练内容						
冬训	早晨	时间 40 min，1 200 m 热身跑、柔韧训练、协调训练						
	上午	控速 5 000 m 灵敏训练 核心力量训练	控速 400 m 无氧灵敏训练 核心力量训练	控速 800 m 无氧灵敏训练 核心力量训练	控速 400 m 速耐灵敏训练 核心力量训练	控速 10 000 m 核心力量训练		
	下午	下肢类应用体能训练		上肢类应用体能训练	综合专项力量训练			
	晚上							
夏训	早晨	时间 40 min，1 200 m 热身跑、柔韧训练、协调训练						
	上午	核心力量训练 专项力量训练	核心力量训练 专项力量训练	核心力量训练 专项力量训练	核心力量训练 专项力量训练	核心力量训练 专项力量训练		
	下午	控速 200 m 无氧		控速 400 m 无氧		控速 10 000 m		
	晚上							

附表4-3 在职培养体能力保持期（27周岁及以上）体能训练周计划

训练阶段		周一	周二	周三	周四	周五	周六	周日
		训练内容						
冬训	早晨	1 200 m 热身跑、柔韧训练						
	上午	控速3 000 m 灵敏训练 核心力量训练	控速200 m 无氧灵敏训练 核心力量训练	控速400 m 无氧灵敏训练 核心力量训练	控速200 m 速耐灵敏训练 核心力量训练	控速5 000 m 核心力量训练		
	下午	下肢类应用体能训练		上肢类应用体能训练	综合专项力量训练			
	晚上							
夏训	早晨	1 200 m 热身跑、柔韧训练						
	上午	核心力量训练 专项力量训练	核心力量训练 专项力量训练	核心力量训练 专项力量训练	核心力量训练 专项力量训练	核心力量训练 专项力量训练		
	下午	控速200 m 无氧		控速400 m 无氧		控速5 000 m		
	晚上							

附录5　消防救援人员体能测试项目

附表5-1　消防救援人员体能测试项目

项目	序号	类型	内容 男子	内容 女子	标准
基础体能课目	1	力量	2 min 俯卧撑 平板支撑	平板支撑	附录6
	2	力量	单杠引体向上（不满40周岁） 40 kg 坐姿下拉（年满40周岁）	单杠屈臂悬垂	附录6
	3	力量	2 min 双杠臂屈伸	双杠支撑移动	附录6
	4	力量	2 min 立卧撑	1 min 跳绳	附录6
	5	力量	单杠卷身上（不满37周岁） 单杠吊卷腿（年满37周岁） 3 min 屈腿仰卧起坐	3 min 屈腿仰卧起坐	附录6
	6	力量	2 min 双腿深蹲起立	2 min 双腿深蹲起立	附录6
	7	耐力	3 000 m	1 500 m	附录6
			1 500 m	800 m	附录6
			800 m 游泳	700 m 游泳	附录6
			动力单车、划船机、椭圆机		总队自行制定
	8	灵敏	5×10 m 折返	5×10 m 折返	附录6
	9	柔韧	坐位体前屈	坐位体前屈	附录6
应用体能课目	1		5 000 m 负重		附录6
	2		400 m 救人疏散物资		附录6
	3		100 m 消防障碍		附录6
	4		搬运重物折返		附录6
	5		30 m 拖重		附录6
	6		四楼攀爬绳索		附录6
	7		十楼负重		附录6
	8		100 m 负重		附录6
	9		60 m 肩梯		附录6
	10		应用体能综合训练		

注：1. 动力单车、划船机、椭圆机、游泳作为伤病人员耐力素质考核的替代项目，标准由各总队自行制定。
　　2. 驻海拔 1 800～2 000 m，每增加 100 m 成绩评定标准降低 1%；2 000～4 000 m，每增加 100 m 成绩评定标准降低 2%；4 000 m 以上的单位根据驻地实际情况自行组织训练。入驻高原 60 d 以上人员执行此标准。

附录6 消防救援人员体能测试项目各项评分标准

附表 6-1 男子俯卧撑评分标准　　　　　　　　单位：次/2 min

分数	入职	20~24岁	25~27岁	28~30岁	31~33岁	34~36岁	37~39岁	40~42岁	43~45岁	46~48岁	49~51岁	52~54岁	55岁以上
100分	68	70	72	70	68	66	64	62	60	58	56	54	/
95分	62	64	66	64	62	60	58	56	54	52	50	48	/
90分	56	58	60	58	56	54	52	50	48	46	44	42	/
85分	50	52	54	52	50	48	46	44	42	40	38	36	/
80分	46	48	50	48	46	44	42	40	38	36	34	32	/
75分	42	44	46	44	42	40	38	36	34	32	30	28	/
70分	38	40	42	40	38	36	34	32	30	28	26	24	/
65分	36	38	40	38	36	34	32	30	28	26	24	22	/
60分	34	36	38	36	34	32	30	28	26	24	22	20	18

附表 6-2 男子平板支撑评分标准

分数	入职	20~24岁	25~27岁	28~30岁	31~33岁	34~36岁	37~39岁	40~42岁	43~45岁	46~48岁	49~51岁	52~54岁	55岁以上
100分	2'50"	2'55"	3'00"	2'55"	2'50"	2'45"	2'40"	2'35"	2'30"	2'25"	2'20"	2'15"	/
95分	2'45"	2'50"	2'55"	2'50"	2'45"	2'40"	2'35"	2'30"	2'25"	2'20"	2'15"	2'10"	/
90分	2'40"	2'45"	2'50"	2'45"	2'40"	2'35"	2'30"	2'25"	2'20"	2'15"	2'10"	2'05"	/
85分	2'35"	2'40"	2'45"	2'40"	2'35"	2'30"	2'25"	2'20"	2'15"	2'10"	2'05"	2'00"	/
80分	2'30"	2'35"	2'40"	2'35"	2'30"	2'25"	2'20"	2'15"	2'10"	2'05"	2'00"	1'55"	/
75分	2'25"	2'30"	2'35"	2'30"	2'25"	2'20"	2'15"	2'10"	2'05"	2'00"	1'55"	1'50"	/
70分	2'20"	2'25"	2'30"	2'25"	2'20"	2'15"	2'10"	2'05"	2'00"	1'55"	1'50"	1'45"	/
65分	2'15"	2'20"	2'25"	2'20"	2'15"	2'10"	2'05"	2'00"	1'55"	1'50"	1'45"	1'40"	/
60分	2'10"	2'15"	2'20"	2'15"	2'10"	2'05"	2'00"	1'55"	1'50"	1'45"	1'40"	1'35"	1'30"

附表 6-3　女子平板支撑评分标准

分数	入职	20~24 岁	25~27 岁	28~30 岁	31~33 岁	34~36 岁	37~39 岁	40~42 岁	43~45 岁	46~49 岁	50 岁以上
100 分	1′45″	1′50″	1′55″	1′50″	1′45″	1′40″	1′35″	1′30″	1′25″	1′20″	/
95 分	1′40″	1′45″	1′50″	1′45″	1′40″	1′35″	1′30″	1′25″	1′20″	1′15″	/
90 分	1′35″	1′40″	1′45″	1′40″	1′35″	1′30″	1′25″	1′20″	1′15″	1′10″	/
85 分	1′30″	1′35″	1′40″	1′35″	1′30″	1′25″	1′20″	1′15″	1′10″	1′05″	/
80 分	1′25″	1′30″	1′35″	1′30″	1′25″	1′20″	1′15″	1′10″	1′05″	1′00″	/
75 分	1′20″	1′25″	1′30″	1′25″	1′20″	1′15″	1′10″	1′05″	1′00″	55″	/
70 分	1′15″	1′20″	1′25″	1′20″	1′15″	1′10″	1′05″	1′00″	55″	50″	/
65 分	1′10″	1′15″	1′20″	1′15″	1′10″	1′05″	1′00″	55″	50″	45″	/
60 分	1′05″	1′10″	1′15″	1′10″	1′05″	1′00″	55″	50″	45″	40″	35″

附表 6-4　男子单杠引体向上（不满 40 周岁）/40 kg 坐姿下拉（年满 40 周岁）评分标准

单位：次 /2 min

分数	入职	20~24 岁	25~27 岁	28~30 岁	31~33 岁	34~36 岁	37~39 岁	40~42 岁	43~45 岁	46~48 岁	49~51 岁	52~54 岁	55 岁以上
100 分	16	17	18	17	16	15	14	18	17	16	15	14	/
95 分	14	15	16	15	14	13	12	16	15	14	13	12	/
90 分	12	13	14	13	12	11	10	14	13	12	11	10	/
85 分	11	12	13	12	11	10	9	13	12	11	10	9	/
80 分	10	11	12	11	10	9	8	12	11	10	9	8	/
75 分	9	10	11	10	9	8	7	11	10	9	8	7	/
70 分	8	9	10	9	8	7	6	10	9	8	7	6	/
65 分	7	8	9	8	7	6	5	9	8	7	6	5	/
60 分	6	7	8	7	6	5	4	8	7	6	5	4	3

附表 6-5　女子单杠屈臂悬垂/30 kg 坐姿下拉（年满 40 周岁）评分标准

单位：次/2 min

分数	入职	20~24岁	25~27岁	28~30岁	31~33岁	34~36岁	37~39岁	40~42岁	43~45岁	46~49岁	50岁以上
100分	59″	1′04″	1′15″	1′04″	59″	54″	49″	16	15	14	/
95分	57″	1′02″	1′10″	1′02″	57″	52″	47″	14	13	12	/
90分	55″	1′00″	1′05″	1′00″	55″	50″	45″	12	11	10	/
85分	50″	55″	1′00″	55″	50″	45″	40″	11	10	9	/
80分	45″	50″	55″	50″	45″	40″	35″	10	9	8	/
75分	40″	45″	50″	45″	40″	35″	32″	9	8	7	/
70分	35″	40″	45″	40″	35″	32″	29″	8	7	6	/
65分	32″	35″	40″	35″	32″	29″	27″	7	6	5	/
60分	29″	32″	35″	32″	29″	27″	25″	6	5	4	3

附表 6-6　男子双杠臂屈伸评分标准

单位：次/2 min

分数	入职	20~24岁	25~27岁	28~30岁	31~33岁	34~36岁	37~39岁	40~42岁	43~45岁	46~48岁	49~51岁	52~54岁	55岁以上
100分	30	32	34	32	30	28	26	24	22	20	18	16	/
95分	28	30	32	30	28	26	24	22	20	18	16	14	/
90分	26	28	30	28	26	24	22	20	18	16	14	12	/
85分	24	26	28	26	24	22	20	18	16	14	12	10	/
80分	22	24	26	24	22	20	18	16	14	12	10	8	/
75分	20	22	24	22	20	18	16	14	12	10	8	7	/
70分	18	20	22	20	18	16	14	12	10	8	7	6	/
65分	16	18	20	18	16	14	12	10	8	7	6	5	/
60分	14	16	18	16	14	12	10	8	7	6	5	4	3

附表6-7　女子双杠支撑移动评分标准

分数	入职	20~24岁	25~27岁	28~30岁	31~33岁	34~36岁	37~39岁	40~42岁	43~45岁	46~49岁	50岁以上
100分	向前向后各移动3.4 m				向前向后各移动2.8 m				向前向后各移动1.5 m		
80分	向前向后各移动2.8 m				向前向后各移动1.5 m				向后移动3.4 m		
60分	向前向后各移动1.5 m				向后移动3.4 m				向前移动3.4 m		

附表6-8　男子立卧撑评分标准　　　　　　　　　　单位：次/2 min

分数	入职	20~24岁	25~27岁	28~30岁	31~33岁	34~36岁	37~39岁	40~42岁	43~45岁	46~48岁	49~51岁	52~54岁	55岁以上
100分	38	40	42	40	38	36	34	32	30	28	26	24	/
95分	36	38	40	38	36	34	32	30	28	26	24	22	/
90分	34	36	38	36	34	32	30	28	26	24	22	20	/
85分	32	34	36	34	32	30	28	26	24	22	20	18	/
80分	30	32	34	32	30	28	26	24	22	20	18	16	/
75分	28	30	32	30	28	26	24	22	20	18	16	14	/
70分	26	28	30	28	26	24	22	20	18	16	14	12	/
65分	24	26	28	26	24	22	20	18	16	14	12	10	/
60分	22	24	26	24	22	20	18	16	14	12	10	8	6

附表 6-9　女子跳绳评分标准　　　　　　　　　　　　　　　　　单位：次 /min

分数	入职	20~24岁	25~27岁	28~30岁	31~33岁	34~36岁	37~39岁	40~42岁	43~45岁	46~49岁	50岁以上
100分	130	135	140	135	130	125	120	115	110	105	/
95分	125	130	135	130	125	120	115	110	105	100	/
90分	120	125	130	125	120	115	110	105	100	95	/
85分	115	120	125	120	115	110	105	100	95	90	/
80分	110	115	120	115	110	105	100	95	90	85	/
75分	105	110	115	110	105	100	95	90	85	80	/
70分	100	105	110	105	100	95	90	85	80	75	/
65分	95	100	105	100	95	90	85	80	75	70	/
60分	90	95	100	95	90	85	80	75	70	65	60

附表 6-10　男子单杠卷身上（不满 37 周岁）/ 单杠吊卷腿（年满 37 周岁）评分标准

单位：次 /2 min

分数	入职	20~24岁	25~27岁	28~30岁	31~33岁	34~36岁	37~39岁	40~42岁	43~45岁	46~48岁	49~51岁	52~54岁	55岁以上
100分	15	16	17	16	15	14	17	16	15	14	13	12	/
95分	14	15	16	15	14	13	16	15	14	13	12	11	/
90分	12	13	14	13	12	11	15	14	13	12	11	10	/
85分	10	11	12	11	10	9	14	13	12	11	10	9	/
80分	9	10	11	10	9	8	13	12	11	10	9	8	/
75分	8	9	10	9	8	7	12	11	10	9	8	7	/
70分	7	8	9	8	7	6	11	10	9	8	7	6	/
65分	6	7	8	7	6	5	10	9	8	7	6	5	/
60分	5	6	7	6	5	4	9	8	7	6	5	4	3

附表 6-11　男子屈腿仰卧起坐评分标准　　　　　单位：次/3 min

分数	入职	20~24岁	25~27岁	28~30岁	31~33岁	34~36岁	37~39岁	40~42岁	43~45岁	46~48岁	49~51岁	52~54岁	55岁以上
100分	70	73	76	73	70	67	64	61	58	55	52	49	/
95分	67	70	73	70	67	64	61	58	55	52	49	46	/
90分	64	67	70	67	64	61	58	55	52	49	46	43	/
85分	61	64	67	64	61	58	55	52	49	46	43	40	/
80分	58	61	64	61	58	55	52	49	46	43	40	37	/
75分	55	58	61	58	55	52	49	46	43	40	37	34	/
70分	52	55	58	55	52	49	46	43	40	37	34	31	/
65分	49	52	55	52	49	46	43	40	37	34	31	28	/
60分	46	49	52	49	46	43	40	37	34	31	28	25	22

附表 6-12　女子屈腿仰卧起坐评分标准　　　　　单位：次/3 min

分数	入职	20~24岁	25~27岁	28~30岁	31~33岁	34~36岁	37~39岁	40~42岁	43~45岁	46~49岁	50岁以上
100分	60	63	66	63	60	57	54	51	48	45	/
95分	57	60	63	60	57	54	51	48	45	42	/
90分	54	57	60	57	54	51	48	45	42	39	/
85分	51	54	57	54	51	48	45	42	39	36	/
80分	48	51	54	51	48	45	42	39	36	33	/
75分	45	48	51	48	45	42	39	36	33	30	/
70分	42	45	48	45	42	39	36	33	30	27	/
65分	39	42	45	42	39	36	33	30	27	24	/
60分	36	39	42	39	36	33	30	27	24	21	18

附表 6-13　男子双腿深蹲起立评分标准　　　　　　　单位：次/2 min

分数	入职	20~24岁	25~27岁	28~30岁	31~33岁	34~36岁	37~39岁	40~42岁	43~45岁	46~48岁	49~51岁	52~54岁	55岁以上
100分	96	100	104	100	96	92	88	84	80	76	72	68	/
95分	92	96	100	96	92	88	84	80	76	72	68	64	/
90分	88	92	96	92	88	84	80	76	72	68	64	60	/
85分	86	90	94	90	86	82	78	74	70	66	62	58	/
80分	84	88	92	88	84	80	76	72	68	64	60	56	/
75分	82	86	90	86	82	78	74	70	66	62	58	54	/
70分	80	84	88	84	80	76	72	68	64	60	56	52	/
65分	78	82	86	82	78	74	70	66	62	58	54	50	/
60分	76	80	84	80	76	72	68	64	60	56	52	48	44

附表 6-14　女子双腿深蹲起立评分标准　　　　　　　单位：次/2 min

分数	入职	20~24岁	25~27岁	28~30岁	31~33岁	34~36岁	37~39岁	40~42岁	43~45岁	46~49岁	50岁以上
100分	92	96	100	96	92	88	84	80	76	72	/
95分	88	92	96	92	88	84	80	76	72	68	/
90分	84	88	92	88	84	80	76	72	68	64	/
85分	82	86	90	86	82	78	74	70	66	62	/
80分	80	84	88	84	80	76	72	68	64	60	/
75分	78	82	86	82	78	74	70	66	62	58	/
70分	76	80	84	80	76	72	68	64	60	56	/
65分	74	78	82	78	74	70	66	62	58	54	/
60分	72	76	80	76	72	68	64	60	56	52	48

附表 6-15　男子 3 000 m 评分标准

分数	入职	20~24岁	25~27岁	28~30岁	31~33岁	34~36岁	37~39岁	40~42岁	43~45岁	46~48岁	49~51岁	52~54岁	55岁以上
100 分	12'30"	11'55"	11'20"	11'55"	12'30"	13'15"	13'50"	14'25"	15'00"	15'35"	16'10"	16'45"	/
95 分	12'40"	12'05"	11'30"	12'05"	12'40"	13'35"	14'10"	14'45"	15'20"	15'55"	16'30"	17'05"	/
90 分	12'50"	12'15"	11'40"	12'15"	12'50"	13'55"	14'30"	15'05"	15'40"	16'15"	16'50"	17'25"	/
85 分	13'10"	12'35"	12'00"	12'35"	13'10"	14'15"	14'50"	15'25"	16'00"	16'35"	17'10"	17'45"	/
80 分	13'30"	12'55"	12'20"	12'55"	13'30"	14'35"	15'10"	15'45"	16'20"	16'55"	17'30"	18'05"	/
75 分	13'50"	13'15"	12'40"	13'15"	13'50"	14'55"	15'30"	16'05"	16'40"	17'15"	17'50"	18'25"	/
70 分	14'10"	13'35"	13'00"	13'35"	14'10"	15'15"	15'50"	16'25"	17'00"	17'35"	18'10"	18'45"	/
65 分	14'30"	13'55"	13'20"	13'55"	14'30"	15'35"	16'10"	16'45"	17'20"	17'55"	18'30"	19'05"	/
60 分	14'50"	14'15"	13'40"	14'15"	14'50"	15'55"	16'30"	17'05"	17'40"	18'15"	18'50"	19'25"	20'00"

附表 6-16　男子 1 500 m 评分标准

分数	入职	20~24岁	25~27岁	28~30岁	31~33岁	34~36岁	37~39岁	40~42岁	43~45岁	46~48岁	49~51岁	52~54岁	55岁以上
100 分	6'00"	5'40"	5'20"	5'40"	6'00"	6'20"	6'40"	7'00"	7'20"	7'40"	8'00"	8'20"	/
95 分	6'10"	5'50"	5'30"	5'50"	6'10"	6'30"	6'50"	7'10"	7'30"	7'50"	8'10"	8'30"	/
90 分	6'20"	6'00"	5'40"	6'00"	6'20"	6'40"	7'00"	7'20"	7'40"	8'00"	8'20"	8'40"	/
85 分	6'30"	6'10"	5'50"	6'10"	6'30"	6'50"	7'10"	7'30"	7'50"	8'10"	8'30"	8'50"	/
80 分	6'40"	6'20"	6'00"	6'20"	6'40"	7'00"	7'20"	7'40"	8'00"	8'20"	8'40"	9'00"	/
75 分	6'50"	6'30"	6'10"	6'30"	6'50"	7'10"	7'30"	7'50"	8'10"	8'30"	8'50"	9'10"	/
70 分	7'00"	6'40"	6'20"	6'40"	7'00"	7'20"	7'40"	8'00"	8'20"	8'40"	9'00"	9'20"	/
65 分	7'10"	6'50"	6'30"	6'50"	7'10"	7'30"	7'50"	8'10"	8'30"	8'50"	9'10"	9'30"	/
60 分	7'20"	7'00"	6'40"	7'00"	7'20"	7'40"	8'00"	8'20"	8'40"	9'00"	9'20"	9'40"	10'00"

附表 6-17　女子 1 500 m 评分标准

分数	入职	20~24 岁	25~27 岁	28~30 岁	31~33 岁	34~36 岁	37~39 岁	40~42 岁	43~45 岁	46~49 岁	50 岁以上
100 分	7'50"	7'35"	7'20"	7'35"	7'50"	8'05"	8'20"	8'35"	8'50"	9'05"	/
95 分	7'55"	7'40"	7'25"	7'40"	7'55"	8'10"	8'25"	8'40"	8'55"	9'10"	/
90 分	8'00"	7'45"	7'30"	7'45"	8'00"	8'15"	8'30"	8'45"	9'00"	9'15"	/
85 分	8'05"	7'50"	7'35"	7'50"	8'05"	8'20"	8'35"	8'50"	9'05"	9'20"	/
80 分	8'10"	7'55"	7'40"	7'55"	8'10"	8'25"	8'40"	8'55"	9'10"	9'25"	/
75 分	8'15"	8'00"	7'45"	8'00"	8'15"	8'30"	8'45"	9'00"	9'15"	9'30"	/
70 分	8'20"	8'05"	7'50"	8'05"	8'20"	8'35"	8'50"	9'05"	9'20"	9'35"	/
65 分	8'25"	8'10"	7'55"	8'10"	8'25"	8'40"	8'55"	9'10"	9'25"	9'40"	/
60 分	8'30"	8'15"	8'00"	8'15"	8'30"	8'45"	9'00"	9'15"	9'30"	9'45"	10'00"

附表 6-18　女子 800 m 评分标准

分数	入职	20~24 岁	25~27 岁	28~30 岁	31~33 岁	34~36 岁	37~39 岁	40~42 岁	43~45 岁	46~49 岁	50 岁以上
100 分	3'50"	3'45"	3'40"	3'45"	3'50"	3'55"	4'00"	4'05"	4'10"	4'15"	/
95 分	3'55"	3'50"	3'45"	3'50"	3'55"	4'00"	4'05"	4'10"	4'15"	4'20"	/
90 分	4'00"	3'55"	3'50"	3'55"	4'00"	4'05"	4'10"	4'15"	4'20"	4'25"	/
85 分	4'05"	4'00"	3'55"	4'00"	4'05"	4'10"	4'15"	4'20"	4'25"	4'30"	/
80 分	4'10"	4'05"	4'00"	4'05"	4'10"	4'15"	4'20"	4'25"	4'30"	4'35"	/
75 分	4'15"	4'10"	4'05"	4'10"	4'15"	4'20"	4'25"	4'30"	4'35"	4'40"	/
70 分	4'20"	4'15"	4'10"	4'15"	4'20"	4'25"	4'30"	4'35"	4'40"	4'45"	/
65 分	4'25"	4'20"	4'15"	4'20"	4'25"	4'30"	4'35"	4'40"	4'45"	4'50"	/
60 分	4'30"	4'25"	4'20"	4'25"	4'30"	4'35"	4'40"	4'45"	4'50"	4'55"	5'05"

附表 6-19　男子 5×10 m 折返评分标准

分数	入职	20~24岁	25~27岁	28~30岁	31~33岁	34~36岁	37~39岁	40~42岁	43~45岁	46~48岁	49~51岁	52~54岁	55岁以上
100分	22″	21″	20″	21″	22″	23″	24″	25″	26″	27″	28″	29″	/
95分	22″50	21″50	20″50	21″50	22″50	23″50	24″50	25″50	26″50	27″50	28″50	29″50	/
90分	23″40	22″40	21″40	22″40	23″40	24″40	25″40	26″40	27″40	28″40	29″40	30″40	/
85分	25″	24″	23″	24″	25″	26″	27″	28″	29″	30″	31″	32″	/
80分	26″	25″	24″	25″	26″	27″	28″	29″	30″	31″	32″	33″	/
75分	27″	26″	25″	26″	27″	28″	29″	30″	31″	32″	33″	34″	/
70分	28″	27″	26″	27″	28″	29″	30″	31″	32″	33″	34″	35″	/
65分	29″	28″	27″	28″	29″	30″	31″	32″	33″	34″	35″	36″	/
60分	30″	29″	28″	29″	30″	31″	32″	33″	34″	35″	36″	37″	38″

附表 6-20　女子 5×10 m 折返评分标准

分数	入职	20~24岁	25~27岁	28~30岁	31~33岁	34~36岁	37~39岁	40~42岁	43~45岁	46~49岁	50岁以上
100分	27″	26″	25″	26″	27″	28″	29″	30″	31″	32″	/
95分	27″50	26″50	25″50	26″50	27″50	28″50	29″50	30″50	31″50	32″50	/
90分	28″40	27″40	26″40	27″40	28″40	29″40	30″40	31″40	32″40	33″40	/
85分	30″	29″	28″	29″	30″	31″	32″	33″	34″	35″	/
80分	31″	30″	29″	30″	31″	32″	33″	34″	35″	36″	/
75分	32″	31″	30″	31″	32″	33″	34″	35″	36″	37″	/
70分	33″	32″	31″	32″	33″	34″	35″	36″	37″	38″	/
65分	34″	33″	32″	33″	34″	35″	36″	37″	38″	39″	/
60分	35″	34″	33″	34″	35″	36″	37″	38″	39″	40″	42″

附表 6-21　男子坐位体前屈评分标准　　　　　　　　　　单位：cm

分数	入职	20~24岁	25~27岁	28~30岁	31~33岁	34~36岁	37~39岁	40~42岁	43~45岁	46~48岁	49~51岁	52~54岁	55岁以上
100分	25	27	29	27	25	23	21	19	17	15	13	11	/
95分	24	26	28	26	24	22	20	18	16	14	12	10	/
90分	23	25	27	25	23	21	19	17	15	13	11	9	/
85分	22	24	26	24	22	20	18	16	14	12	10	8	/
80分	21	23	25	23	21	19	17	15	13	11	9	7	/
75分	20	22	24	22	20	18	16	14	12	10	8	6	/
70分	19	21	23	21	19	17	15	13	11	9	7	5	/
65分	18	20	22	20	18	16	14	12	10	8	6	4	/
60分	17	19	21	19	17	15	13	11	9	7	5	3	1

附表 6-22　女子坐位体前屈评分标准　　　　　　　　　　单位：cm

分数	入职	20~24岁	25~27岁	28~30岁	31~33岁	34~36岁	37~39岁	40~42岁	43~45岁	46~49岁	50岁以上
100分	26	28	30	28	26	24	22	20	18	16	/
95分	25	27	29	27	25	23	21	19	17	15	/
90分	24	26	28	26	24	22	20	18	16	14	/
85分	23	25	27	25	23	21	19	17	15	13	/
80分	22	24	26	24	22	20	18	16	14	12	/
75分	21	23	25	23	21	19	17	15	13	11	/
70分	20	22	24	22	20	18	16	14	12	10	/
65分	19	21	23	21	19	17	15	13	11	9	/
60分	18	20	22	20	18	16	14	12	10	8	6

附表 6-23 男子 5 000 m 负重评分标准

分数	入职	20~24岁	25~27岁	28~30岁	31~33岁	34~36岁	37~39岁	40~42岁	43~45岁	46~48岁	49~51岁	52~55岁
100 分	25'00″	24'30″	24'00″	24'30″	25'00″	25'30″	26'00″	/	/	/	/	/
95 分	25'30″	25'00″	24'30″	25'00″	25'30″	26'00″	26'30″	/	/	/	/	/
90 分	26'00″	25'30″	25'00″	25'30″	26'00″	26'30″	27'00″	/	/	/	/	/
85 分	26'30″	26'00″	25'30″	26'00″	26'30″	27'00″	27'30″	/	/	/	/	/
80 分	27'00″	26'30″	26'00″	26'30″	27'00″	27'30″	28'00″	/	/	/	/	/
75 分	27'30″	27'00″	26'30″	27'00″	27'30″	28'00″	28'30″	/	/	/	/	/
70 分	28'00″	27'30″	27'00″	27'30″	28'00″	28'30″	29'00″	/	/	/	/	/
65 分	28'30″	28'00″	27'30″	28'00″	28'30″	29'00″	29'30″	/	/	/	/	/
60 分	29'00″	28'30″	28'00″	28'30″	29'00″	29'30″	30'00″	/	/	/	/	/

注：31 岁以上不组织本项目考核，评分标准可作为训练参考标准。

附表 6-24 男子 400 m 救人疏散物资评分标准

分数	入职	20~24岁	25~27岁	28~30岁	31~33岁	34~36岁	37~39岁	40~42岁	43~45岁	46~48岁	49~51岁	52~55岁
100 分	2'10″	2'00″	1'50″	2'00″	2'10″	2'20″	2'30″	/	/	/	/	/
95 分	2'15″	2'05″	1'55″	2'05″	2'15″	2'25″	2'35″	/	/	/	/	/
90 分	2'20″	2'10″	2'00″	2'10″	2'20″	2'30″	2'40″	/	/	/	/	/
85 分	2'30″	2'20″	2'10″	2'20″	2'30″	2'40″	2'50″	/	/	/	/	/
80 分	2'40″	2'30″	2'20″	2'30″	2'40″	2'50″	3'00″	/	/	/	/	/
75 分	2'50″	2'40″	2'30″	2'40″	2'50″	3'00″	3'10″	/	/	/	/	/
70 分	3'00″	2'50″	2'40″	2'50″	3'00″	3'10″	3'20″	/	/	/	/	/
65 分	3'10″	3'00″	2'50″	3'00″	3'10″	3'20″	3'30″	/	/	/	/	/
60 分	3'20″	3'10″	3'00″	3'10″	3'20″	3'30″	3'40″	/	/	/	/	/

注：31 岁以上不组织本项目考核，评分标准可作为训练参考标准。

附表6-25　男子60 m肩梯评分标准

分数	入职	20~24岁	25~27岁	28~30岁	31~33岁	34~36岁	37~39岁	40~42岁	43~45岁	46~48岁	49~51岁	52~55岁
100分	12″00	11″50	11″00	11″50	12″00	12″50	13″00	/	/	/	/	/
95分	12″50	12″00	11″50	12″00	12″50	13″00	13″50	/	/	/	/	/
90分	13″00	12″50	12″00	12″50	13″00	13″50	14″00	/	/	/	/	/
85分	13″50	13″00	12″50	13″00	13″50	14″00	14″50	/	/	/	/	/
80分	14″00	13″50	13″00	13″50	14″00	14″50	15″00	/	/	/	/	/
75分	14″50	14″00	13″50	14″00	14″50	15″00	15″50	/	/	/	/	/
70分	15″00	14″50	14″00	14″50	15″00	15″50	16″00	/	/	/	/	/
65分	15″50	15″00	14″50	15″00	15″50	16″00	16″50	/	/	/	/	/
60分	16″00	15″50	15″00	15″50	16″00	16″50	17″00	/	/	/	/	/

注：31岁以上不组织本项目考核，评分标准可作为训练参考标准。

附表6-26　男子100 m消防障碍评分标准

分数	入职	20~24岁	25~27岁	28~30岁	31~33岁	34~36岁	37~39岁	40~42岁	43~45岁	46~48岁	49~51岁	52~55岁
100分	22″	21″	20″	21″	22″	23″	24″	/	/	/	/	/
95分	23″	22″	21″	22″	23″	24″	25″	/	/	/	/	/
90分	24″	23″	22″	23″	24″	25″	26″	/	/	/	/	/
85分	25″	24″	23″	24″	25″	26″	27″	/	/	/	/	/
80分	26″	25″	24″	25″	26″	27″	28″	/	/	/	/	/
75分	27″	26″	25″	26″	27″	28″	29″	/	/	/	/	/
70分	28″	27″	26″	27″	28″	29″	30″	/	/	/	/	/
65分	29″	28″	27″	28″	29″	30″	31″	/	/	/	/	/
60分	30″	29″	28″	29″	30″	31″	32″	/	/	/	/	/

注：34岁以上不组织本项目考核，评分标准可作为训练参考标准。

附表 6-27　男子搬运重物折返评分标准

分数	入职	20~24岁	25~27岁	28~30岁	31~33岁	34~36岁	37~39岁	40~42岁	43~45岁	46~48岁	49~51岁	52~55岁
100分	52″	50″	48″	50″	52″	54″	56″	/	/	/	/	/
95分	53″	51″	49″	51″	53″	55″	57″	/	/	/	/	/
90分	54″	52″	50″	52″	54″	56″	58″	/	/	/	/	/
85分	55″	53″	51″	53″	55″	57″	59″	/	/	/	/	/
80分	56″	54″	52″	54″	56″	58″	1′00″	/	/	/	/	/
75分	58″	56″	54″	56″	58″	1′00″	1′02″	/	/	/	/	/
70分	1′00″	58″	56″	58″	1′00″	1′02″	1′04″	/	/	/	/	/
65分	1′02″	1′00″	58″	1′00″	1′02″	1′04″	1′06″	/	/	/	/	/
60分	1′04″	1′02″	1′00″	1′02″	1′04″	1′06″	1′08″	/	/	/	/	/

注：34岁以上不组织本项目考核，评分标准可作为训练参考标准。

附表 6-28　男子 30 m 拖重评分标准

分数	入职	20~24岁	25~27岁	28~30岁	31~33岁	34~36岁	37~39岁	40~42岁	43~45岁	46~48岁	49~51岁	52~55岁
100分	20″	19″	18″	19″	20″	21″	22″	/	/	/	/	/
95分	21″	20″	19″	20″	21″	22″	23″	/	/	/	/	/
90分	22″	21″	20″	21″	22″	23″	24″	/	/	/	/	/
85分	23″	22″	21″	22″	23″	24″	25″	/	/	/	/	/
80分	24″	23″	22″	23″	24″	25″	26″	/	/	/	/	/
75分	25″	24″	23″	24″	25″	26″	27″	/	/	/	/	/
70分	26″	25″	24″	25″	26″	27″	28″	/	/	/	/	/
65分	27″	26″	25″	26″	27″	28″	29″	/	/	/	/	/
60分	28″	27″	26″	27″	28″	29″	30″	/	/	/	/	/

注：37岁以上不组织本项目考核，评分标准可作为训练参考标准。

附表 6-29　男子四楼攀爬绳索评分标准

分数	入职	20~24岁	25~27岁	28~30岁	31~33岁	34~36岁	37~39岁	40~42岁	43~45岁	46~48岁	49~51岁	52~55岁
100分	24″	23″	22″	23″	24″	25″	26″	/	/	/	/	/
95分	25″	24″	23″	24″	25″	26″	27″	/	/	/	/	/
90分	26″	25″	24″	25″	26″	27″	28″	/	/	/	/	/
85分	27″	26″	25″	26″	27″	28″	29″	/	/	/	/	/
80分	28″	27″	26″	27″	28″	29″	30″	/	/	/	/	/
75分	29″	28″	27″	28″	29″	30″	31″	/	/	/	/	/
70分	30″	29″	28″	29″	30″	31″	32″	/	/	/	/	/
65分	31″	30″	29″	30″	31″	32″	33″	/	/	/	/	/
60分	32″	31″	30″	31″	32″	33″	34″	/	/	/	/	/

注：37岁以上不组织本项目考核，评分标准可作为训练参考标准。

附表 6-30　男子十楼负重评分标准

分数	入职	20~24岁	25~27岁	28~30岁	31~33岁	34~36岁	37~39岁	40~42岁	43~45岁	46~48岁	49~51岁	52~55岁
100分	1′40″	1′35″	1′30″	1′35″	1′40″	1′45″	1′50″	/	/	/	/	/
95分	1′45″	1′40″	1′35″	1′40″	1′45″	1′50″	1′55″	/	/	/	/	/
90分	1′50″	1′45″	1′40″	1′45″	1′50″	1′55″	2′00″	/	/	/	/	/
85分	1′55″	1′50″	1′45″	1′50″	1′55″	2′00″	2′05″	/	/	/	/	/
80分	2′00″	1′55″	1′50″	1′55″	2′00″	2′05″	2′10″	/	/	/	/	/
75分	2′10″	2′05″	2′00″	2′05″	2′10″	2′15″	2′20″	/	/	/	/	/
70分	2′20″	2′15″	2′10″	2′15″	2′20″	2′25″	2′30″	/	/	/	/	/
65分	2′30″	2′25″	2′20″	2′25″	2′30″	2′35″	2′40″	/	/	/	/	/
60分	2′40″	2′35″	2′30″	2′35″	2′40″	2′45″	2′50″	/	/	/	/	/

注：37岁以上不组织本项目考核，评分标准可作为训练参考标准。

附表 6-31　男子 100 m 负重评分标准

分数	入职	20~24 岁	25~27 岁	28~30 岁	31~33 岁	34~36 岁	37~39 岁	40~42 岁	43~45 岁	46~48 岁	49~51 岁	52~55 岁
100 分	19″00	18″50	18″00	18″50	19″00	19″50	20″00	/	/	/	/	/
95 分	19″50	19″00	18″50	19″00	19″50	20″00	20″50	/	/	/	/	/
90 分	20″00	19″50	19″00	19″50	20″00	20″50	21″00	/	/	/	/	/
85 分	20″50	20″00	19″50	20″00	20″50	21″00	21″50	/	/	/	/	/
80 分	21″00	20″50	20″00	20″50	21″00	21″50	22″00	/	/	/	/	/
75 分	21″50	21″00	20″50	21″00	21″50	22″00	22″50	/	/	/	/	/
70 分	22″00	21″50	21″00	21″50	22″00	22″50	23″00	/	/	/	/	/
65 分	22″50	22″00	21″50	22″00	22″50	23″00	23″50	/	/	/	/	/
60 分	23″00	22″50	22″00	22″50	23″00	23″50	24″00	/	/	/	/	/

注：37 岁以上不组织本项目考核，评分标准可作为训练参考标准。

附表 6-32　男子 800 m 游泳评分标准

分数	入职	20~24 岁	25~27 岁	28~30 岁	31~33 岁	34~36 岁	37~39 岁	40~42 岁	43~45 岁	46~48 岁	49~51 岁	52~54 岁	55 岁以上
100 分	28′	26′	24′	26′	28′	30′	31′	33′	35′	37′	39′	41′	/
95 分	29′	27′	25′	27′	29′	31′	33′	35′	37′	39′	41′	43′	/
90 分	30′	28′	26′	28′	30′	32′	34′	36′	38′	40′	42′	44′	/
85 分	31′	29′	27′	29′	31′	33′	35′	37′	39′	41′	43′	45′	/
80 分	32′	30′	28′	30′	32′	34′	36′	38′	40′	42′	44′	46′	/
75 分	33′	31′	29′	31′	33′	35′	37′	39′	41′	43′	45′	47′	/
70 分	34′	32′	30′	32′	34′	36′	38′	40′	42′	44′	46′	48′	/
65 分	35′	33′	31′	33′	35′	37′	39′	41′	43′	45′	47′	49′	/
60 分	36′	34′	32′	34′	36′	38′	40′	42′	44′	46′	48′	50′	51′

附表 6-33　女子 700 m 游泳评分标准

分数	入职	20~24岁	25~27岁	28~30岁	31~33岁	34~36岁	37~39岁	40~42岁	43~45岁	46~49岁	50岁以上
100 分	29′	27′	25′	27′	29′	31′	33′	35′	37′	39′	/
95 分	30′	28′	26′	28′	30′	32′	34′	36′	38′	40′	/
90 分	31′	29′	27′	29′	31′	33′	35′	37′	39′	41′	/
85 分	32′	30′	28′	30′	32′	34′	36′	38′	40′	42′	/
80 分	33′	31′	29′	31′	33′	35′	37′	39′	41′	43′	/
75 分	34′	32′	30′	32′	34′	36′	38′	40′	42′	44′	/
70 分	35′	33′	31′	33′	35′	37′	39′	41′	43′	45′	/
65 分	36′	34′	32′	34′	36′	38′	40′	42′	44′	46′	/
60 分	37′	35′	33′	35′	37′	39′	41′	43′	45′	47′	49′